FILOSOFÍA DE
LA VIDA COTIDIANA

RAFAEL ALVIRA

FILOSOFÍA DE LA VIDA COTIDIANA

Cuarta edición

EDICIONES RIALP
MADRID

© 2005 by Rafael Alvira
© 2025 *by* EDICIONES RIALP, S.A.
   Manuel Uribe 13-15, 28033, Madrid
   (www.rialp.com)

Primera edición: octubre 1999
Cuarta edición: julio 2025

Fotocomposición. M. T. S. L.

ISBN (edición impresa): 978-84-321-7087-4
ISBN (edición bajo demanda): 978-84-321-7088-1
ISNI: 0000 0001 0725 313X
Depósito legal: M-9388-2025

Impreso en España   *Printed in Spain*

Anzos, S. L. - Fuenlabrada (Madrid)

A Antonio Millán-Puelles,
maestro muy querido,
con agradecimiento cordial.

Índice

Prólogo

La vida cotidiana no es el puro pasar de los días, sino una especie de substancia de nuestro vivir, que se dibuja en contraste con lo extraordinario de nuestra existencia.

Lo extraordinario puede ser tanto algo excesivo como una carencia o reducción inesperadas, algo completamente nuevo tanto como la reaparición de lo que creíamos perteneciente al pasado, lo agradable por encima de lo normal tanto como lo inusitadamente desagradable.

No hay contradicción entre lo cotidiano y lo que no lo es, sino sólo diferencia *excepcional* de tamaño o intensidad. La razón de que no haya tal contradicción está en que el ser humano despliega su existencia según una *forma de vida* que es la suya característica, que lo califica y lo distingue de otros seres, y no puede salirse de ella.

Somos libres, sí, pero según un modo, y no tenemos manera de escaparnos de él. No podemos ser otra cosa que seres humanos por más que nos empeñáramos en evitarlo. Y el que se suicida, como último recurso, lo hace humanamente.

Podemos, desde luego, y ese es el misterio único del hombre entre los seres de este mundo —misterio de la libertad—, ser más o menos humanos. Y esa humanización se construye en el *día a día,* con el que llega a formar una sola substancia.

En lo cotidiano se muestra la humanidad —el grado y cualidad de ella— en el hombre. Y se ha de decir **lo** cotidiano porque en la repetición de lo igual o similar, de actos y gestos análogos, adquiere cada uno su forma propia, se formaliza y se *realiza,* se substancializa.

Espiritualizamos nuestro espacio y nuestro tiempo. El espacio espiritualizado cotidiano es la *casa,* en la que realizamos la dimensión radical de *habitar,* y el tiempo espiritualizado cotidiano es la *costumbre,* el conjunto de costumbres, que ritman y ordenan nuestra vida. Espiritualizamos también todas nuestras acciones, a través de los aprendizajes, hábitos, virtudes, que nos configuran, *conforman,* nos dan regularidad y seguridad y nos hacen *fiables* para los demás.

Nadie puede vivir sin casa y sin costumbres. El nómada lleva su casa cargada en el camello, y el vagabundo en una mochila o instalada bajo el puente. Nadie puede vivir sin costumbres que en lo esencial son siempre las mismas. Comemos las mismas cosas las mismas veces y a las mismas horas, dormimos en los momentos establecidos, etc. Nadie puede vivir sin hábitos, sin *saberes y poderes* —pues eso es un hábito— científicos, morales, artísticos, por mínimos que sean.

Existimos en lo cotidiano, y es en ello donde desarrollamos nuestra humanidad, con grandeza o mezquinamente, alegre o tristemente, felices o desgraciados. De ahí el interés que presenta el análisis de figuras diversas de ese nuestro existir cotidiano, en el cual habitamos, invitamos, jugamos, nos aburrimos, amamos.

Esta es la temática de las páginas que siguen, las cuales no son una *teoría de lo cotidiano,* aunque la implican. Un breve esbozo de esa teoría la he intentado en el libro «La razón de ser hombre» (Rialp, Madrid, 1998, pp. 201-205).

Para encontrar siempre el *punto justo,* que es el mejor y más verdadero y más bello, en cada acción de la vida diaria, hace falta haber reflexionado no sólo sobre cada una de ellas en particular, sino sobre el valor de la vida diaria misma. Al intentar vivirla con la mejor de las virtudes, es decir, con grandeza de espíritu, experimentamos y ayudamos a que los demás perciban el hechizo transcendente de la existencia que se nos regala*.

---

* Agradezco grandemente la ayuda que me han prestado, de diversas formas, para la realización de este libro: Pilar y Tomás Alvira, Inmaculada Hita, Camino González, Nicolás Grimaldi, Montserrat Herrero, Raquel Lázaro, Mª Jesús Nicolay, Claudia Osinaga y Kurt Spang.

PRIMERA PARTE

Habitar, trabajar, vivir

Si, por alguna coincidencia, escuchamos de nuevo el viejo tango que nos repite una y otra vez, con la peculiar cadencia argentina, *volver*, no entendemos bien la desgraciada historia que relata, quizá —acostumbrado nuestro oído al rock— nos resulta extraña su melodía, pero, al final, algo queda flotante dentro de nosotros, algo que no sabemos bien lo que es, pero que nos afecta. Se trata, sin duda y simplemente, del *volver*.

Volver no es un mero acto físico, contrario al ir. Se puede caminar una y otra vez al mismo sitio sin haber, en realidad, vuelto nunca a él. En español hay un matiz que lo expresa. Se dice: *he vuelto a ir* a tal cine, a tal estadio, a tal teatro. He vuelto a visitar a tal persona. He vuelto a ir a la Facultad. He *vuelto a ir*, pero no simplemente *he vuelto*. Y ello por una razón bien simple, que pasa, a menudo, inadvertida: porque, en un sentido verdadero y más profundo, sólo se vuelve *a casa*. La casa es el lugar al que se vuelve.

Si, como opinan algunos filósofos y afirman ciertos biólogos, todo cambia, todo evoluciona continuamente

15

en el mundo, entonces carecería de sentido el volver. Cuando retornamos, ya no encontramos lo que había antes. Nuestra vida sería un puro ir o, lo que es lo mismo, un puro *viajar*. Arrastrados por nuestros deseos, que nos empujan hacia adelante, nos sumergimos en una aventura que no es otra que la de la libertad. Porque, en primer lugar, la libertad consiste en otro acto muy simple, y que parece meramente físico cuando, es más bien, pura metafísica: la libertad consiste primariamente en *salir*. Cada vez que abro una puerta, sin darme cuenta, siento que algo profundo me sucede. Porque el viajar es un permanente estar saliendo, inspira una inigualable sensación de libertad. Y como el salir es un estar *fuera,* y el estar fuera es la exultación, la exaltación, el viajar da alegría. En la aventura y en el viaje, tenemos la alegría de vivir, la *joie de vivre*.

El que sólo vive en el viaje, en la aventura, no tiene casa, pues la casa no es el lugar al que se va, sino al que se vuelve. Se va, se camina, a la *novedad,* a lo deseado, y que, en el fondo, esperamos que nos sorprenda. Desear es también esperar: pero se espera encontrar —tener un *encuentro*— que transcienda todavía nuestros deseos. Además de alcanzar lo buscado, queremos un premio añadido.

Cuando se verifica un encuentro feliz que supera lo que nuestro deseo solo vagamente presentía, entonces no queremos continuar el viaje: queremos quedarnos. Si, en el momento siguiente, un nuevo viaje solicita nuestra atención, ya tiene un color completamente distinto. Ahora, por primera vez, queremos volver, tenemos casa.

Desear es vivir en el tiempo. En efecto, solo tiene sentido desear cuando *aún no* poseemos lo que, precisamente, buscamos poseer. Deseamos comer, beber, divertirnos, ser famosos. Pero, cuando alcanzamos alguno de esos bienes, lo *consumimos,* y la vida sigue: hemos de desear otro. Adelante, aventurémonos.

Sólo que, si poseemos algo de lo que no queremos desprendernos, algo que me extasía, es decir, me saca fuera de mí, y, por ello, me quita el interés por seguir viajando, entonces hemos superado el tiempo, estamos más allá de él. Por eso Platón dice que el amor es eterno. Y, justo por ello, el que ama no consume nada, sino que más bien es consumido interiormente.

La civilización occidental construye, más que nunca, gran cantidad de *edificios.* Pero no tiene casas, no tiene hogares, pues carece del amor preciso para realizarlos. En las estadísticas, aparecen los números de *habitantes.* Y, sin embargo, se trata del número de gente, gentes que tienen muy poco de habitantes. El origen del término habitar es la palabra latina *habitare,* que es el frecuentativo de *habere,* tener. Habitar significa tener, poseer, con continuidad. Posesión continua. Pero eso quiere decir que habitar significa superar el tiempo, no dejar que él me venza. Si, en un *edificio* determinado, encuentro siempre el mismo amor, esa mismidad, ese mantenimiento, supone la victoria sobre la vejez, es decir, sobre el desgaste del tiempo. Y, por eso, ese es el único lugar al que puedo *volver,* porque sólo se vuelve a lo que se mantiene igual, fiel a sí mismo y a los demás. Esa es mi casa, ahí *habito.*

Sólo cuando me consume el afecto estoy totalmente extasiado, fuera de mí. Pero también sólo entonces es cuando, al estar fuera, me doy cuenta de que hay un *dentro.* El amor es el que suscita la *interioridad:* estar fuera de sí en sí. La interioridad de un edificio no la forman las paredes, sino un espíritu. Fue ese espíritu el que inventó la construcción material, y no al revés.

Dicho de otra manera, nos ponemos a construir, a levantar edificios, a hacer, a *trabajar*, en suma, porque nos lo pide nuestra condición de habitantes. La casa es anterior a la construcción del edificio. Si se trabaja de esa manera, el trabajo tiene siempre un sentido, y es una prolongación de la interioridad, de la intimidad, que estaba ya dada en el habitar.

Por el contrario, un trabajo concebido como anterior, como fundamento del habitar, hace que mi vida dependa enteramente de la economía, pues el trabajo es la clave de la economía. Pero si yo habito *como consecuencia* de que soy un trabajador, entonces el trabajo carece de sentido, pierde toda interioridad. Y, al tiempo, *nunca llego a tener verdadera casa*. La tragedia de cierta modernidad —igual liberal que socialista— está en haber declarado que la economía es lo primario.

Un edificio se construye, una casa se *pone*. Parece que, en una interpretación trivial, ese poner consiste en el colocar unos muebles y unos cuadros. Pero no es simplemente así, pues esa mera materialidad está llena de una emoción que transluce un fondo más que físico. Porque, además, la casa se pone más en las personas que la componen que en los muebles que la llenan.

Aunque, como digo, tampoco el esfuerzo, el trabajo de construcción del edificio, ni de nada, tienen sentido ni pueden dar felicidad, si no es para el único fin válido: habitar. Por eso, bajo la apariencia de una civilización del trabajo y la actividad, vivimos, en realidad, en una sociedad bastante dominada por el activismo y la pereza, o, simplemente, por la pereza, pues el activismo es una forma de ella. No hay que hacer muchas cosas, sino sólo una y bien hecha: trabajar para habitar, para la casa. Para la familia, en primer lugar, y para las otras instituciones sociales también, que sólo lo son en verdad, y sólo estimulan al trabajo bien hecho, si podemos considerarlas —en sentido más amplio— como nuestra casa.

Durante siglos, en algunos idiomas como, por ejemplo, el alemán, los términos casa y familia, eran sinónimos. O, mejor dicho, no existía más que el término *casa* para designar a la familia. Porque la familia se define justamente como *el lugar de la intimidad,* de la interioridad. Solo en ella eres aceptado de modo *absoluto,* incondicionalmente. En la medida en que la familia es el lugar de la absoluta aceptación, es el sitio de la presencia de Dios, de la eternidad, de la transcendencia, pues sólo Dios es absoluto. Por eso, la familia ha sido siempre considerada como una institución inmediatamente religiosa y, tanta más familia, tanta más religión. Como consecuencia, ella es también el lugar donde se muere, pues sólo desde lo eterno se pasa a la eternidad. Al final, más familia, más religión, más habitar.

Habitar es poseer y lo que se posee se cultiva. El cultivo es un trabajo. Dentro de la igualdad esencial del hombre y mujer, el hombre tiene una mayor inclinación a los trabajos ministeriales: pone ladrillos, acarrea los materiales, pone en marcha los procesos, está en el *principio.* La mujer tiene más inclinación que el hombre al *cuidado,* que es lo *terminal.* Es la que principalmente mantiene y transmite la cultura. Por eso, la mimetización que la mujer ha hecho del hombre en nuestros días, su masculinización, está a punto de arruinar la cultura occidental. Me parece que nuestro principal problema no está en las bombas atómicas, en el paro o en la droga. A mi juicio, lo más grave que nos sucede es la progresiva desaparición de lo específicamente femenino, en una situación que se caracteriza —como toda modernidad— por el predominio del poder, es decir, del elemento masculino, que es principial.

Es Tomás de Aquino el que se pregunta si el poder, por sí solo, puede dar la felicidad. La respuesta es negativa. Y la razón: porque el poder es un principio, mientras que la felicidad es un fin. Ahora bien, la felicidad es aquello que —aunque se niegue o se pretenda superar— es permanente punto de referencia de todo ser humano. Porque, de modo más o menos oscuro, todos ven que, para el hombre, ser feliz es, simplemente, vivir. El que no alcanza la felicidad arrastra una existencia abstracta, triste. Si la alegría es nuestra condición natural, quedarse encerrado en sí mismo es la tristeza y, por ello, la abstracción del verdadero vivir. Si falta la felicidad, porque falta la alegría de tener seres queridos, si me he sentido traicionado o he traicionado yo a alguien, ¿qué hacer? ¿a dónde ir, una vez que se ha experimentado la necesidad de la casa? No hay más que una solución, que se expresa en español de un modo muy filosófico: *estar de vuelta*. Estar de vuelta no es volver, como tampoco *volver a ir* lo era, sino que es el encerramiento en los cuarteles de invierno, la clausura del espíritu, la amargura. La amargura es el peso de la existencia, la curvatura sobre sí mismo, la vida como fracaso.

Y aquí está la razón última de la tesis anteriormente apuntada: no hay casa sin religión. Pues si no creemos que hay Alguien que garantiza la eternidad, no podemos tener verdadera alegría, es decir, no llegamos a *vivir* en sentido propio.

Así pues, porque habitamos, trabajamos y cuando trabajamos para habitar, vivimos, somos felices. Ya que la vida del espíritu no consiste simplemente, como quiere cierto romanticismo, en la *expresión* de lo que se lleva dentro. Ni tampoco en un lenguaje impersonal, que nos requiere y habla desde fuera, como sugiere cierta filosofía actual. La vida humana aparece cuando se crea un *espacio* entre las personas, cuando hay una relación de afecto entre ellas.

Sólo en el espacio hay luz: *lux in medio*. La luz es la palabra: cuando me relaciono con algo o alguien que amo, entonces *veo, y* entonces *digo,* digo algo *con sentido*. Nadie es inventivo, nadie *encuentra la palabra* más que en el medio y en el ambiente que él ama. En la medida en que no hay lenguaje sin afecto que lo provoque, y que el amor es lo que me hace habitar, tener casa, estar radicado, el lenguaje no es la casa del ser —como quiere Heidegger—, ni la mera expresión de una subjetividad previa, sino que es el *símbolo del habitar,* el indicativo que muestra cual y de qué manera es mi casa.

Como el rey Midas, que transformaba en oro todo lo que alcanzaba a tocar, el hombre convierte inmediatamente en lenguaje todo lo que empieza a poseer. En un lenguaje que simboliza esa posesión y que él mismo pasa a ser algo tenido. El ejemplo más típico es el vestido, el traje. Es significativo que un término latino que lo designa sea *habitus,* el hábito. El vestido es algo tenido, un hábito, a través del cual simbolizamos, indicamos, decimos, hacia donde se dirige nuestra inclinación. La moda es un lenguaje, por lo que el nudista es alguien que o bien *no tiene nada que decir,* o bien nos sugiere que su cuerpo es suficientemente expresivo, lo cual produce escándalo, pues no es común pensar eso. Está claro que el nudismo no es lo mismo que la pornografía, la cual busca la riqueza expresiva y toma al cuerpo como peculiar medio lingüístico.

También provoca escándalo la persona que habla todo el día —como a veces pasa en la radio— sin decir apenas nada. En toda relación societaria, de un modo natural, el otro ser humano espera inicialmente tu afecto, es decir que digas algo, que entregues, pues el que ama es el que *tiene* riqueza para dar. Cuando no ofreces nada, como en el lenguaje vacío, o cuando ofreces engañosamente, promueves la decepción, el escándalo en la otra persona.

La posesión más propia que tiene el hombre es su educación, sus saberes, sus virtudes o *hábitos*. El virtuoso está *centrado,* pues tiene casa, trabaja a gusto e inventivamente, y es feliz, vive, aunque en ocasiones, su apariencia sea poco brillante. A él le pasa lo que a los vinos: algunos son más espectaculares al probarlos, pero en seguida se echa de ver que carecen de contenido. En cambio, otros, tras una impresión inicial no tan brillante, muestran los tesoros que llevan escondidos.

Lo más impresionante, entonces, son las personas que tienen la espectacularidad y el contenido. Son las que más a fondo viven y transmiten vida, porque la adquieren con el trabajo y en la casa.

El arte de invitar

«Ahora tú, precisamente, —es Thamus, rey de Egipto, el que habla a Theuth, mítico dios inventor de la escritura, según el relato platónico— padre que eres de las letras, por apego a ellas, les atribuyes poderes contrarios a los que tienen. (Piensas que les servirán para recordar, pero...) es olvido lo que producirán en las almas de quienes las aprenden, al descuidar la memoria, ya que, fiándose de lo escrito, llegarán al recuerdo desde fuera, a través de caracteres ajenos, no desde dentro, desde ellos mismos y por sí mismos. No es, pues, una medicina para la memoria lo que has hallado, sino un simple recordatorio» (Platón, *Fedro,* 274 e 12 – 275 a 5).

Seguramente, todos hemos recibido una invitació escrita, impresa, para asistir a algún acto. Pero nadie respondido —la respuesta es la presencia— *a causa* de tarjeta. No, la tarjeta es un mero recordatorio que vuelto a actualizar nuestro afecto por alguien o por a Es ese afecto el que nos invita, y la respuesta no es ello, el simple venir físico —lo cual sería actitud de

23

promiso y, por consiguiente, pesadez psicológica, ausencia real—, sino que la respuesta es la actitud atenta, el simbolismo en el vestir y el reposo en el estar.

A diferencia de otras acciones humanas, la invitación, para cumplirse plenamente, necesita una colaboración señalada de otro ser. Es común repetir —en la estela dejada por la cultura greco-cristiana— que el amor adquiere dos formas principales. El *eros* es su forma desiderativa: queremos apropiarnos de lo que no tenemos; el *ágape*, o caridad, es su forma generosa, donativa: queremos dar a otro algo que tenemos. Pero con frecuencia se olvida que hay una forma de acción, quizás suprema y sublime, que anuda las dos y las eleva, a saber, la *invitación*.

El que invita, necesariamente tiene algo para dar, para entregar, por eso invita. Pero, al mismo tiempo, desea y espera la respuesta, la aceptación. La invitación no se impone. De ese modo, el que tiene ruega, el rico se hace pobre, no se limita a dar, espera, atiende la respuesta.

A su vez, el que acepta lo hace porque desea y espera recibir; pero, al responder libremente, pasa de jugar el papel de pobre a sentar plaza de rico, porque la respuesta es algo añadido, una donación.

Por otra parte, es claro que no hay *respuesta* posible sin *invitación,* pero ciertamente no toda oferta es correspondida. Ello se puede deber a tres razones. La primera es que no había, en realidad, verdadera oferta, verdadera invitación, sino sólo la forma externa, que encubría la pobreza del donante. La segunda está en que el solicitado se cierra, rehusa admitir lo que considera una «intromisión». O bien, por último, que se da una cierta riqueza en el invitante y una buena disposición por parte de la per-

sona requerida, pero falta el modo, no se domina el arte invitatoria. Esta tercera posibilidad es ambigua, dado que es dudoso que alguien *posea de verdad* algo y no sepa ofrecerlo.

En cualquier caso, lo que pretende, sin duda, toda invitación, no es simplemente *dar o recibir,* sino suscitar un cierto *diálogo,* ya que pide ser respondida. Por ello, significa el punto de partida de la actividad suprema y más característica del espíritu, la más fácil y la más difícil, que es, precisamente, el *dialogar.*

Es imposible que se lleve a cabo verdaderamente esta actividad de dialogar sin que surja en ella la *palabra con sentido,* pues nadie entiende en verdad algo hasta que no es capaz de *decirlo* y, para decirlo, tiene que estar ante una persona, u otra realidad cualquiera, que le estimule a hacerlo. Por eso un niño aprende a hablar gracias al afecto de la madre, o de la persona que haga sus veces.

El que invita *dice,* y, al decir, abre una luz, una posibilidad para el que escucha, pero la palabra le surge precisamente por el afecto que hacia este último profesa. El cual, a su vez, responde, y su responder en un *decir* similar al del invitante. En resumen: sólo se nos ocurre *algo para decir* y que *dice algo,* ante la persona o la realidad que nos *subyuga o encanta.*

De ahí la gravedad de convertir el *buen encantamiento,* tan precioso y necesario, en *sugestión malvada.* Cuando Lady Macbeth incita a su marido al crimen, al decirle que está «dejando el "no me atrevo" acompañar al "yo quisiera", como el pobre gato del cuento» (Shakespeare, Macbeth, I, VII), no abre una luz, sino tinieblas, y el resultado tenía que ser, necesariamente, la incomunicación entre ella y su marido.

La incomunicación, a veces, queda oculta tras la aparente unión que da la complicidad, o el compartir el temor o el odio contra otros seres.

* * *

Si volvemos ahora al tema mencionado al inicio, el significado de la lectura, vemos que la mera observación —*lectura*— descriptiva de la naturaleza no me enseña nada. Tuvo que aparecer un platónico al comienzo de la época moderna, Galileo Galilei, para hacernos ver con su «Nuova Scienza» que sólo en el diálogo con la naturaleza —eso es el *experimento*— aprendo, me enriquezco yo, y puedo, a su vez, mejorar, enriquecerla a ella.

Aquel que sabe, pues, el que es verdadero filósofo —aunque quizá no lo imagine—, se da cuenta de que no es principalmente a través de la *lectura* de discursos escritos, como se aprende, sino sobre todo —y es Platón una vez más quien nos lo dice— mediante los discursos *escritos realmente en el alma,* es decir, mediante los *diálogos verdaderos.*

Ninguna lectura —y mucho menos de «apuntes» tomados por otro— sirve verdaderamente de nada si no conseguimos hablar con el autor —y que él nos hable—, acerca de algo. Vivir humanamente, en plenitud, queda reservado a los que saben dialogar. Pero, para ello, y volvemos al principio, hace falta primero saber invitar. Y podemos hacerlo con ganas o sin ellas, pero siempre con la mediación del otro ser, pues el que invita no lo hace si no media un cierto *atractivo* —y el atractivo es ya una invitación— que le llama desde fuera. Así pues, el invitante es invitado y viceversa. Pero los papeles no son exactamente los mismos.

Lo que nos atrae es aquello que *nos dice algo* y está, por tanto, *antes* de que se nos ocurra nada. Primero se nos presenta objetivamente en *claroscuro* y, subjetivamente, como *barrunto*. Se trata del *arcano del invitar*, en el que éste está sólo sugerido, y es lo que comúnmente llamamos el *insinuar*.

El insinuar es la antesala, la delicadeza del que sabe que *el regalo* —cada palabra es un regalo— es una novedad, y que toda gran novedad pide una preparación, no admite la brusquedad, no se puede dar de golpe.

La naturaleza entera puede ser considerada desde este punto de vista como una insinuación que la divinidad nos hace. No la comprendemos inmediatamente.

En clave de humor, se puede recordar lo que expresaba el locutor deportivo que, embargado por la emoción del juego, apostilló una jugada desafortunada con el comentario inolvidable: «¡parece mentira! ¡haber fallado ese gol, cuando tenía frente a sí toda una portería insinuante!».

El concepto de *portería insinuante* probablemente hará época en los anales deportivos, pero lo que aquí interesa subrayar es que el significado de la expresión *insinuar* es claro: se nos invita a que tomemos la iniciativa de decir algo. En este caso hay que hablar con el balón, al cual invitamos a incrustarse en las redes contrarias.

Un ejemplo quizá más completo de lo que estamos tratando, y más típicamente español, se encuentra en la fiesta taurina. Toda ella es un diálogo profundo, con una finura de detalles que escapa a la capacidad de percepción hoy más común. Es Nicolás Grimaldi el que nos lo hace ver, en un precioso texto: «Después de una serie de naturales, precisos, largos y hechizantes, el toro adquirió confianza. Entonces Ordoñez, con paso lento, los brazos ampliamente abiertos, le invitó. El le hablaba; y, cuando el toro embestía, lo guiaba con su franela roja con una dulzura imperiosa, suavemente, con una ternura alegre; e inmóvil, le sonreía. (Así...) emborrachó al toro de felicidad».

El arte taurino, el arte de Cúchares, enseña a invitar del modo debido. No se busca el daño del hombre ni del animal, sino el ejercicio de un arte. Hay que fijarse en que el que ofrece mal su capa corre el peligro de ser empitonado. Es lo mismo que nos sucede tantas veces en la vida cotidiana. Cuando colaboran, sin embargo, el temple del diestro con la bravura del astado, se da ese escalofrío sublime que es la belleza del pase, un diálogo lleno de embrujo.

Hay unas palabras, en el texto citado, que resultan particularmente inspiradas. Son las que dicen: «e inmóvil, le sonreía». No podemos imaginarnos mejor la profundidad de una invitación. En efecto, la sonrisa es el gesto que, por excelencia, invita. Porque ella significa que una puerta se me abre amablemente. Pero si, además, se da la *inmovilidad,* entonces se expresa que algo firme, la eternidad de una *casa,* se presenta ante nosotros. La invitación móvil, el guiño simpático, nos empuja a la aventura, al gozo de la diversión, que no está nunca en el *final,* —al contrario, el final es la terminación de ella—, sino en el *pasar:* te invito a *pasarlo* bien. Es magnífico y necesario para la vida.

Pero la inmovilidad del torero sonriente simboliza algo relativo a otro estrato más profundo: la invitación, además del pasar de la aventura, al diálogo íntimo.

Quizás, como siempre, es la sencillez —en este caso la sencillez de la *sonrisa*— la que dificulta la captación de la

28

hondura que ella encierra. Son pocos los que lo han visto. Entre ellos, y quizá a la cabeza, aquellos escultores de las tallas de la Virgen en el gótico francés. «Tant vaut l'amour, tant vaut le sourire»: tanto vale el amor, tanto vale la sonrisa, dice Vloberg en su fina obra titulada «La Vierge et l'enfant dans l'art français». Esa sonrisa permanente de las figuras que parecen de piedra, es una invitación que no cesa, una puerta siempre abierta, inmóvil pero activa.

También la danza ha simbolizado un aspecto fundamental del tema que abordamos. En el minueto vemos como el diálogo entre los danzantes, tras la invitación reverencial previa, se continua gracias a la medida interna que marca la música. La reverencia ofrecida al otro, arranca su respuesta, su aceptación. Pero la prosecución del invitar iniciado sólo se logra mediante la guarda del compás: no descompasarse.

El romanticismo transforma —de modo sólo aparentemente más romántico— el estilo, e introduce el vals. Fue Carl María von Weber el que, en 1819, compuso la famosa «Aufforderung zum Tanz», que llenó toda una época y que se vio orquestada en 1841 por Berlioz, el cual le dio el título ahora inmortal de «Invitación al Vals».

No es difícil comprender por qué, desde antiguo, la cumbre y quintaesencia del arte que nos ocupa, se ha puesto siempre en la invitación a la *fiesta.* En cierta medida, toda invitación lo es para ella, pues queda ya dicho que siempre la invitación es al diálogo, y *el verdadero diálogo es fiesta,* así como no hay fiesta que no sea diálogo. Quizá por eso Cicerón afirmaba: «est etiam in dicendo quidam cantus obscurior» (Orator, 57), el hablar es un

29

canto más oscuro. Es también significativo el que se haya considerado, por excelencia, fiesta, a la cena o el banquete. Como es sabido, ya en el mundo greco-romano, tenía un carácter ritual y particularmente destacado.

En el banquete se sintetizan gran cantidad de elementos. Comemos y bebemos porque aceptamos la invitación de la *naturaleza*, deseamos apropiarnos, gozar de y en la unión con ella. No queremos que desaparezca, pues no podríamos vivir en su carencia, pero, —es la paradoja de la existencia— para vivir nosotros tiene que morir algún ser que a ella pertenece. Aunque frecuentemente se piense lo contrario, no nos comemos el cordero, ni a ningún viviente —nadie con corazón querría hacer eso—, sino la carne de él. Previamente, ha tenido que morir, y así él vive en nosotros y nosotros gracias a él —eso es la nutrición—. De ese modo, conseguimos la unidad.

El diálogo que en todo banquete se establece con las personas que a él asisten, significa también algo en la misma línea. Cada uno se olvida de sí mismo —muere a sí en un cierto sentido— para estar atento a la felicidad del de al lado, y a que los demás gocen. Sólo así el banquete es fiesta.

De este modo, la cena tradicional es el lugar de la *unidad material y espiritual de la creación entera* y, por ello, como queda dicho, tiene carácter ritual y la divinidad no puede faltar: es la bendición y la acción de gracias. En la pura sencillez de la bendición de una mesa familiar —como la pintada tan bellamente por el pintor tirolés Franz von Defregger en el romanticismo alemán— se encierra todo un mundo extraordinario.

Porque no hay unidad sin amor y es este el que nos despierta al cuidado de todos los detalles, a la forma y a la belleza, el banquete tiene también presente el mundo de las musas, de esas artes que parecen pequeñas y no lo son: la buena cocina, la disposición de la mesa, el modo del servicio, el traje adecuado, más la medida o música interior —y, a los postres, también exterior—, junto con la aparición del vino en el brindis. Sólo con él se puede brindar, pues, cuando se sabe beber, el vino no es usado para el decaimiento físico, sino que simboliza la alegría y exaltación de la amistad, del diálogo, de la fiesta, en suma.

Quizá por todo ello la fiesta de la alegría y amistad eternas, de la unión de lo divino y lo humano, se realiza también en un banquete, en lo que la tradición de la cristiandad llama la Cena del Señor.

Comprendemos así que no es la mera materialidad de los bienes presentes lo que constituye la fiesta, sino el modo de ofrecerlos, el arte con el que se hace la invitación. Y tal vez porque las actividades principales que nos unen y comunican con los demás seres —la alimentación y la palabra—, se realizan a través del mismo órgano bucal, buscamos simbolizar el misterio de nuestra unidad con el otro ser mediante el antiguo simbolismo del beso.

Cuando se nos da algo, y al tiempo se nos indica: sólo te lo entrego si respondes, si lo aceptas —eso es invitar—, parece que hay menos generosidad, pero es al contrario, pues se nos ofrece vida, diálogo y sólo en él hay verdadero enriquecimiento por ambas partes, sólo en él hay novedad y se nos ocurre algo por lo mismo que logramos la maravilla de la comunicación. La idea que se enciende es la *nueva luz,* es el recién nacido. Por eso es menester tomarse tan en serio cómo y a quien se invita, y cómo y de quien aceptamos la invitación, pues siempre hay alguna *eternidad* que espera hacerse presente en ella.

Como en la antigua canción francesa, bien se puede decir «voici un peu plus d'espoir, un peu plus d'amour», he aquí un poco más de esperanza, de amor. Eso es lo que representa un recién nacido, el nacimiento de una nueva vida o de una idea verdadera en alguien. Y por ello el arte de invitar es también la pedagogía básica, la que de verdad nos abre al saber, más allá de la tan famosa y seria síntesis de lo subjetivo y lo aparencial. El saber es siempre el fruto de ese arte que aquí se ha pretendido describir.

Es menester, por tanto, cuidar ese arte tan sencillo, es decir, tan maravilloso, que es el invitar.

La pasión de jugar

El *jugar* ha sido considerado desde tiempos antiguos como un cierto símbolo del vivir. El lenguaje está lleno de referencias que lo atestiguan. Así, la *fiesta* —la vida en su esencia— es un cierto juego; se *juega uno la vida* en esto o aquello; se *pone en juego* la fortuna; en diversos idiomas *hacer sonar la música* —una profunda expresión de la vida— se dice *jugarla;* no entrar en un negocio o asunto cualquiera es *no entrar en ese juego;* se da el *juego del amor* —nuevo término que esencializa la vida—; el *juego político;* hacer teatro es un juego —la vida como representación—: y tantas otras expresiones en que jugar es vivir.

Ahora bien, donde hay vida hay pasión, pues la vida es energía pura y la pasión su experiencia subjetiva. Cuanto más vital es la vida, tanto más apasionamiento se pone en ella. Encontramos, pues, que nada hay de extraño en que pasión y juego vayan unidos siempre, y no sólo en el mundo del deporte o de la ruleta.

Pero la pasión del juego puede convertirse en enfermedad. ¿Por qué? Siempre que se da algo patológico, enfermizo, hay primero una condición, algo que hace posible el fallo. Esa condición de posibilidad no nos fuerza a «caer», sino que, por el contrario, nos deja abierta también la libertad de construir. Por eso, todo posible vicio tiene su virtud correspondiente, mediante la cual conseguimos ejercitar algo bueno y bello y que nos llena, pues vivir es también sensación de construir.

La *ludopatía* la enfermedad de la adicción al juego, es posible precisamente porque jugar es bello y necesario. Es natural al ser humano. Y se puede hacer bien o mal. Hay muchas auténticas *ludopatías* que no son catalogadas como tales. La mayor parte de los vicios del vivir cotidiano son formas *ludopáticas*.

Hay que vivir, hay que jugar, y además con pasión. No hacerlo es un menosprecio a la maravilla de la existencia humana. El problema no está, pues, en el juego, ni en la pasión, sino —como se intentará mostrar— en la pérdida del *sentido* del uno y la otra, y, en resumen, en el empequeñecimiento y la deformación de ambos.

Examinar este punto no carece de relevancia práctica, dado que un conocimiento más claro y más profundo de cualquier realidad nos permite operar mejor sobre ella. En materia psíquica y moral, el descubrir donde está y cómo es la herida, resulta ser muchas veces ya más de la mitad de la curación.

Para iniciar ese examen podemos recurrir a la comparación con lo que se suele considerar más contrario al juego: el trabajo. Lo primero que salta a la vista es que hay quien convierte su trabajo en juego y quien, por el contrario, convierte su juego en trabajo. Al revés de lo que puede parecer, es más grave este segundo caso que el primero.

Cuando hablamos de alguien que juega con un pretendido espíritu «puramente profesional», entendemos que ha manchado el auténtico sentido de lo que hace, ha olvidado su gracia y su grandeza, al trocar la acción en un puro medio para otros fines, que conseguirá con el dinero obtenido. Existe la conciencia de que —como actividad— todo juego tiene un valor por sí mismo, y que realizarlo sin un ápice de espíritu lúdico y deportivo, constituye una especie de sacrilegio.

El que emplea ese, a mi entender, falso espíritu profesional convierte lo jocoso en *serio*, pero la seriedad que aplica no es la que sería necesaria. Como va *seriamente a por el dinero,* en verdad ya *no juega en serio,* el juego ha dejado de serlo. Ha existido siempre una moral del jugador, cuya primera regla de oro es, precisamente, que hay que jugar en serio. Lo cual no consiste sólo, como algunos piensan, en respetar las reglas del juego, sino más aún, en respetar que lo que se está haciendo es jugar.

Se puede dar el caso —como hoy es común en ciertos deportes— de que algunos tengan la suerte de poder ganar bastante dinero gracias al duro entrenamiento y a la existencia de un público que paga. La vida deportiva se convierte para esta clase de jugador en verdadera profesión: profesan, se dedican. Pero la *dedicación* nada dice en contra del *espíritu lúdico.* No es sólo que ambos sean compatibles, sino que incluso se exigen mutuamente. La seriedad con que se toma una actividad hace dedicarse, en la medida de lo posible, a ella. La cuestión no está, por tanto, en la profesionalización, sino en el espíritu con que se vive.

En lo dicho hasta ahora, se dejan ver ya indicios del error típico de algunos ludópatas. En realidad no son buenos jugadores, pues juegan con el *fin principal* de conseguir *algo que el juego les dé,* es decir, pierden el auténtico sentido del juego.

Pero volvamos un instante a la otra posibilidad señalada. Se puede también convertir el trabajo en juego. Solemos juzgar con dureza a los que se comportan de esa manera. Los tachamos de irresponsables. Su pecado estriba también en una falta de seriedad: no se toman en serio el trabajo, y eso es, sin duda, grave. Ahora bien, nuestra admiración es grande cuando contemplamos el espectáculo de alguien que realiza su trabajo con tal facilidad, con tal seguridad, ilusión, gozo, que nos parece haber convertido en juego lo que para otros era pesada carga.

Mozart, Balzac, Velázquez, fueron trabajadores incansables, profesionales y serios, pero gozaban en su trabajo y los resultados que obtuvieron nos parecen de una facilidad sorprendente. Así, sus obras son un recreo para cualquier espíritu, pues se percibe inmediatamente que transcienden el mero valor instrumental, son un juego.

Es decir, apreciamos mucho el trabajo, en el sentido de esfuerzo e interés que se pone en una obra, pero lo que más admiramos es que la actividad a ella dedicada parezca no ser costosa; que el interés del artista sea desinteresado, o sea, que esté hecho por gusto, por el gusto —en primer lugar— de realizarlo, aunque también conceda beneficios; y que en la obra transparezca esa grandeza.

Según el pensamiento clásico, los principales beneficios del juego son el *placer* y el *descanso* que nos reporta. De lo que se deduce que es una actividad próxima —si no la misma— a la que también ellos llamaron *contem-*

plación. En la contemplación de la belleza hallamos el reposo y el gozo que llenan nuestra vida y que, en el fondo, nunca dejamos de buscar. Pero el *mero reposo* es incompatible con la vida. Ella pide también apertura al otro —ahí el gozo— y, con ello, al diálogo y a la aventura.

Unir la emoción del trabajo, del esfuerzo, de la aventura y del camino hacia lo nuevo con el gozo y el descanso; ser libres y estar seguros; arriesgar y ganar; aventurarse y estar en casa —tener un hogar—: aquel que sea capaz de realizar esa síntesis, se puede decir que, en verdad, vive. O, si se quiere, que, en verdad, juega. ¿No es precisamente eso el juego? Un esfuerzo, una aventura, una sensación de libertad, en la que, sin embargo, se está seguro, no hay peligro último, se goza y se descansa.

El juego es símbolo, representación y la realidad de la vida, en su misma esencia y más alto grado, porque sintetiza de manera maravillosa los elementos fundamentales de ella. *Todo juego —igual que toda vida humana— es la unidad —en el ejercicio del diálogo— de la aventura y la paz.* Y es la unidad que *represento.* Es decir: al jugar *objetivo el vivir,* y así, aprendo mejor lo que es.

Si a alguien le falta *absolutamente* uno de los elementos citados, deja de vivir o se quita la vida. Necesitamos tener una esperanza mínima de *novedad* (aventura) y una mínima *seguridad* (paz), y un mínimo *diálogo.* El vivir cotidiano puede ser —y de hecho es— a veces muy duro, porque nos puede el *aburrimiento* (por falta de novedad), el *miedo* (por falta de seguridad) o la *soledad* (por falta de diálogo). Y precisamente por ello, con frecuencia, cuanto más dura es nuestra vida real, más tendencia tenemos a construirnos una ficticia que sea placentera. Buscamos olvidarnos del *duro juego* de la vida —mejor, del juego de la vida que se nos ha hecho duro al no saber vivirla— y nos dedicamos a *los juegos,* del tipo que sean. Ellos son, en el fondo, una *simulación de la vida eterna,* aquella en la que, según la concepción tradicional, ya no habrá tedio, ni miedo, ni soledad.

Queremos gozar de la vida. El tiempo de ella es idéntico con la esperanza que se tiene. El que no posee ninguna, termina con su vida. Si *tenemos tiempo* para esto o aquello, es porque ponemos alguna esperanza en ello. Dedicamos nuestro tiempo a lo que amamos, es decir, a aquello también en lo que esperamos, mientras que no tenemos ninguno para lo que aborrecemos. Y aquí está la paradoja platónica: al amar, el tiempo es rescatado, se hace eterno, y por eso en la vida feliz no hay sensación alguna del *paso y,* sobre todo, del *peso* del tiempo. Se experimenta, de ese modo, una paz y una seguridad radicales. La vida es *juego.*

Por el contrario, en una vida sin esperanza, el tiempo aparece en su forma pura como puro pasar vacío, en la experiencia del aburrimiento, que en su forma aguda se presenta ya como angustia. En cualquier caso, se trata de una desesperación encubierta. Es entonces cuando acudimos a los *juegos,* buenos o malos, con la intención de que nos quiten el aburrimiento.

Al final, la vida humana sólo tiene dos posibilidades radicales: o cometes la ingenuidad de jugar —y eres como un *niño confiado*— o desconfías, te dedicas a juegos «serios e importantes» —y te *infantilizas*—.

En el juego hay dos elementos: los lances externos y el espíritu con que se realiza. El que, al perder quizá en demasiadas ocasiones, ensombrece su espíritu, se ve tentado por el deseo de abandonar. Ya no le queda esperanza, ya no quiere dedicar más tiempo, no tiene tiempo para ese juego. Es decir, acepta su derrota, dice que *no puede:* lo dice, pero, en realidad, no lo sabe, pues podía seguir jugando.

La vida humana es un juego que sólo se puede ganar si se admite seguir jugando hasta el final; si se mantiene la esperanza de que, más allá del entramado de los vaivenes externos de ella —a menudo amargos o difíciles— merece ser amada. Al aceptar así ese don maravilloso, esperando contra toda la evidencia de la finitud, vencemos a la muerte.

Quizá por eso en la tradición cristiana se dice que sólo el que acoge la *providencia* —o sea, el juego de Dios con cada ser humano— hace la voluntad de Dios y se salva precisamente porque sigue jugando.

Así pues, como queda dicho, el juego supone *riesgo, aventura* y, por tanto, victoria sobre el peligro, sobre la negación amenazante, con la sensación de *poder* que ello concede. El *poder* es *triunfo sobre la negatividad.* Y por eso la virtud esencial del jugador es la *afición.* Todo gran jugador sabe que ganará gracias a su amor por lo que hace. Pues el amor es el mayor poder, es decir, la forma más profunda de la vida. Sólo él vence, incluso a la muerte. Y, por eso mismo, el jugar supone siempre un cierto esfuerzo, aunque deportivo y gustoso.

Además, encierra de continuo algo esencial a la vida, que es la aparición de la *novedad:* en el juego siempre pasan cosas nuevas. Pero —y ello es de igual importancia— en el fondo, como en la vida, todo es, al mismo tiempo, esencialmente igual, *repetición y mimesis.* Se trata de una imitación repetida y siempre novedosa.

Vivimos así en la permanente *esperanza* de topar con algo nuevo que nos entusiasme y nos *destaque,* nos dé éxito, en suma. Y, con todo, sabemos muy bien que lo que se nos da son premios maravillosos, sí, pero que en el fondo son pequeños premios añadidos, porque el fundamental ya lo tenemos: es el gusto mismo de seguir jugando, de sentir que no hay ningún peligro fundamental, que estamos descansando, en paz, placenteramente y en casa.

Hemos visto, pues, algunos aspectos relativos a la *novedad* y a la *paz.* Pero había quedado también dicho que todo verdadero juego es un *diálogo:* el juego es *constitutivamente dialógico.* Ahora bien, esa es la esencia del espíritu: el diálogo. Justo porque aquí se concentra la última clave, se halla también la posibilidad del problema más grave.

Las ludopatías, las enfermedades del juego, dependen principalmente de un defecto dialógico previo: no está instaurado el diálogo de modo adecuado, y la persona se resiente. Por ello, la terapia básica tiene que consistir en introducirlo, o bien, en restaurarlo, si se perdió, pero dándole un sentido nuevo.

Si la vida es juego y nos va mal, nuestra respuesta es evadirnos, y ponernos de nuevo a jugar, pero ahora a *juegos* que nos satisfagan. Mas la insatisfacción de fondo acaba triunfando, y nos *enviciamos* con el juego. No tenemos *fuerza* para evitarlo.

Nos encontramos en el terreno de las *astenias* o debilidades: falta fuerza, y entonces se busca una vía más fácil o *asequible.* Esta debe ser la explicación básica de la mayoría de los vicios y enfermedades del espíritu y, en concreto, de todas las llamadas ludopatías. También las de origen orgánico son eso. La diferencia con las ludopatías sin origen orgánico está en que en éstas falta fuerza porque falta algún amor, mientras que en aquéllas hay deficiencia material.

¿Qué nos concede una máquina de juego, una ruleta, un bingo? Sensación de peligro, éxito, diversión y placer, un cierto descanso, un interés, la esperanza de algo nuevo, una cierta conversación que me mantiene. La máquina me da todo lo que debería haber alcanzado por los medios normales en el juego de la vida, pero la diferencia, como es claro, está en que me lo da de forma pobre, mecánica y engañosa.

Precisamente porque del *juego de la vida* bien llevada esperamos la felicidad, la plenitud, y de los *juegos honestos* —imitación del juego de una vida feliz— el entretenimiento y el descanso, del *pseudos* del juego, de un juego engañoso, fútil, vano, falaz, sacamos lo contrario: la frustración, la desesperación, el vacío, la infelicidad en suma.

Así pues, la terapia de las ludopatías ha de ser muy matizada, muy rica, muy cuidada. ¿Dónde y de qué manera ha fallado el diálogo? El fracaso puede estar en la vida familiar, en la profesional, en la esperanza última.

El jugar mucho y mal es —como afirma la filosofía desde antiguo— una especie de *gula*. Al glotón, lo que come no sólo no le alimenta bien, sino que le daña, amenaza su salud. Pero lo que le mueve es la pasión por algo que, sabe, le concede la vida.

Hace falta, pues, aprender a jugar, es decir, aprender a vivir. A la virtud del buen jugar se le llama, con término de origen griego, *eutrapelia*. Un significado posible que los filólogos asignan a esta palabra es: *saber dirigirse bien a los diferentes lugares.* Ese es el secreto: saber orientar bien el diálogo con la naturaleza, con los hombres y con Dios. Y no esperar sólo que ellos nos lo otorguen. Ir a dialogar con ellos llenos de esperanza y de infinita paciencia.

Deporte y deportividad

Tanto para el docente como para el discípulo, la lección menos atractiva de un curso suele ser la primera, que trata de definir la esencia y apuntar el *sentido* general. Debería ser la más sencilla y, también, la más clara y segura, puesto que todas las siguientes dependen de ella; sin embargo, comúnmente es la más insegura y vaga, la que el profesor explica deprisa y el alumno estudiará de memoria, precisamente porque no se acaba de entender bien.

Esa primera lección es la *filosófica,* pues preguntarse *qué es* la bioquímica no es bioquímica; y *qué es* la mecánica cuántica, no es mecánica cuántica; etc. Se trata, siempre, de *filosofía,* la cual hoy se quiere eludir con frecuencia mediante el expediente de declarar que la bioquímica es *lo que hacen* los bioquímicos, la mecánica cuántica lo que escriben los físicos cuánticos, etc. Ese expediente no resiste la prueba de una vida científica prolongada y seria.

A pesar, pues, de la dificultad, merece siempre la pena intentar desarrollar una buena primera lección, a ser posible, breve, porque es profundamente humano el hacerlo. La filosofía no goza hoy quizá de todo el prestigio social que merece, y ello es debido a que —cuando es auténtica filosofía— se ocupa *de lo fácil*, una pérdida de tiempo para un mundo tan avanzado y complicado como el nuestro.

Pocos se plantean preguntas tan sencillas como, por ejemplo, las que aquí nos planteamos ahora: ¿qué es lo que estamos haciendo cuando practicamos deporte?, o ¿por qué nos gusta tanto el deporte? Todo eso se da por supuesto: creemos saber lo que es el deporte, nos gusta y lo practicamos. Pero, al igual que respecto a otras actividades, damos por supuesto que sabemos lo que no es tan seguro que sepamos. Es una paradoja del ser humano: no acaba nunca de saber bien lo que está haciendo y, sin embargo, en cierto modo lo sabe, es lo que le gusta hacer y lo que quiere seguir haciendo.

* * *

Al preguntarnos qué es el deporte, la primera respuesta indica que es una forma de cultura. Con frecuencia se utiliza la expresión «cultura y deporte» como si el deporte no fuese cultura, pero en tal caso no sería siquiera humano. El deporte es una forma de cultura y, además, una forma básica de ella.

El ser humano es una unidad que no se perfecciona sólo desde el punto de vista exclusivamente intelectual, porque el cuerpo es también una parte esencial de él. Al cuerpo hay que cuidarlo no sólo desde el punto de vista médico, aunque éste sea fundamental e imprescindible, sino que es menester además *cultivarlo* y ahí entra el deporte. Pero no hay que cultivarlo por él mismo, por puro interés en el cuerpo, pues eso es degeneración. La persona que cultiva el cuerpo por él mismo y no por la perfección del ser humano en su totalidad, es un ser amanerado. Pero a su vez, y esto se suele tener menos en cuenta, sobre todo en la Universidad, también hay un cierto amaneramiento en cultivar sólamente el intelecto.

En seguida intentaremos definir con más detalle qué es el deporte, pero ahora ya queda apuntado que se trata de una actividad cultural de interés básico. Y, sin embargo, durante siglos, su relieve social ha sido relativamente escaso. Hemos de agradecer, por ello, de modo particular a los ingleses la hazaña histórica de haberlo promocionado hacia la posición prominente de que hoy goza.

Los británicos han realizado algunas de las aportaciones que más han contribuido a configurar nuestro siglo, y que, a fuerza de haberse convertido en realidad de la vida cotidiana, dejan de asombrarnos, de admirarnos. No siempre carecen de precedentes, pero al menos son recreaciones geniales con sentido verdaderamente profundo de lo nuevo y de lo futuro. Sin duda, contribuciones decisivas a la forma de nuestra cultura.

Una de esas invenciones fue la democracia a la vez popular y aristocrática, que nadie consigue imitar bien; entre otras cosas, los ingleses tienen una Cámara de los Comunes y otra de los Lores. Aunque hoy el sistema esté quizá necesitado de revisión, la democracia británica ha sido el ejemplo de toda democracia y, sin embargo, es el único país del mundo donde la aristocracia todavía juega un papel político.

Son ellos igualmente —en particular los escoceses —los principales creadores de la moderna economía de mercado. Les debemos igualmente ciertos avances de la sociedad industrial y, por supuesto, les adeudamos la «re-creación» e impulso sin precedentes del deporte.

* * *

A pesar del creciente interés que el arte, la sociología, la literatura, la economía, el derecho y hasta la filosofía han dedicado últimamente al deporte, éste constituye hoy todavía una realidad cuyo estudio profundo es relativamente escaso en comparación con el de otras materias. A muchos intelectuales les parece algo de menor importancia, cuando se trata sin duda de un fenómeno de gran magnitud. En occidente hay un desfase entre la extensión y eficacia de lo que es el deporte y el estudio que se le dedica, pues hoy es quizá el primer fenómeno social, no sólo en occidente, sino en todo el mundo.

Es interesante, pues, alinearse junto a los que intentan poner de relieve cuales son los aspectos centrales de esa realidad tan llena de significado. Los puntos fundamentales que la configuran son, a mi juicio, los siguientes.

Con respecto a su Forma Básica	a) Es un juego libre, desinteresado, y plenamente humano, es decir, intelectual y corporal —no sólo corporal—	
Con respecto al modo de realizarse	Condiciones Extrínsecas:	b) realizado en espacio y tiempo determinados (primera determinación reglamentaria)
		c) y según un orden y unas reglas peculiares,
	Medios Intrínsecos:	d) que supone aprendizaje, entrenamiento (pasado)
		e) tensión física y psíquica (presente)
		f) y una táctica (futuro)
Con respecto al estilo	g) que se realiza con autodominio (hacia dentro) y magnanimidad (hacia fuera), es decir, con *grandeza*	

En primer lugar, el deporte es un *juego libre, desinteresado, intelectual y corporal.* Los juegos que no son corporales, por ejemplo, el ajedrez, no son en sentido estricto deporte. Tiene algo de deportivo, porque todas las cosas tienen algo en común, y hay mucho aire de deporte en el ajedrez, pero no lo es propiamente.

Sobre lo que significa en esencia el juego ya se ha hablado en el anterior capítulo, pero en lo que se refiere en concreto al deporte es fundamental tener en cuenta que una clave misteriosa del juego es la *suerte*, realidad muy rica en contenido, y difícil de analizar conceptualmente. Suerte es aquello que depende de un cúmulo de circunstancias —externas e internas— y que afecta a las personas e instituciones de un modo particular para su vida, de manera que la respuesta habitual ante la buena suerte es la *exaltación* interior, y ante la mala, la *depresión*.

La importancia y la dificultad al mismo tiempo de la *suerte* para la vida, fue muy bien captada por los estoicos —en particular Séneca—, y por eso pusieron el ideal de vida perfecta en el menosprecio de toda forma de fortuna: «ni lo favorable exalta al sabio, ni lo adverso le deprime». Pero justamente en esa actitud se encuentra el reconocimiento implícito de la importancia relevante y de la inevitabilidad de la suerte.

Y si es bien cierto, como el propio autor cordobés enseña, que la suerte favorable se puede preparar, mediante estudio y entrenamiento, no se puede estar nunca seguro de obtenerla. La divinidad tiene la última palabra. Lo que queda es saber perder y también saber ganar, que es más difícil.

Cual *ritornello* poético, Alfredo di Stefano solía repetir que «en el fútbol, el que no aprovecha las oportunidades pierde el partido». Se encuentra en este sabio aforismo —sólo aparentemente trivial— la referencia implícita a una realidad cercana a la suerte, y también fundamental en el deporte, a saber, la *oportunidad,* el *kairós.* Para ella también hay que estar preparados. En el deporte también hay que *saber estar*, si no, no puedes ganar.

De otra parte, el juego nos atrae de una forma profunda porque es un símbolo del vivir humano; la vida es un juego, vivir es jugar. Por eso, sin darnos cuenta, en el deporte estamos haciendo una cierta simulación de la vida, y en una simulación aprendemos. Al jugar limpiamente, con deportividad, experimentamos los radicales de la vida. En el juego se sintetiza *la pasión, la relación amistosa, el respeto, la inteligencia, la voluntad, el placer de vivir.*

En primer lugar, la pasión. No se puede ni jugar ni ser espectador-aficionado sin pasión. El deporte no admite la pura actitud analítica o contemplativa. Si te limitas a *objetivar* te sales del juego. Pero la pasión puede ser mala o buena. Esta última es la que respeta al contendiente. Es de la máxima importancia en el deporte considerar al contrario como *noble rival.* Con él o con ella vas a festejar al final del partido. No es un enemigo en general, y lo que menos, un enemigo político. El deporte es un lugar para la relación amistosa, para el respeto, para desarrollar la inteligencia, la formación psicológica, la voluntad.

Cuando el deporte se practica de esa manera, enseña a vivir. En él gozamos del éxito, la diversión, el descanso, la felicidad, el placer.

El deporte es como la vida: *repetición y novedad;* las jugadas son iguales y son distintas. Y es como la mejor vida: *riesgo* con *seguridad;* en el verdadero deporte no podemos perder nada esencial, y sin embargo, hay riesgo. Un deportista que no arriesga no es un verdadero deportista.

El deporte es también una síntesis entre la *competencia y* la *cooperación.* En este aspecto se ha adelantado ventajosamente a lo que los economistas y filósofos de la em-

49

presa consideran como gran avance actual. Al equipo que pierde en un campeonato no le sucede como a las empresas en dificultades, que las cierran y despiden a los trabajadores, sino que simplemente baja de categoría, y ya volverá a subir, más tarde o más temprano.

El deporte es, pues, una síntesis reglamentada de la cooperación con la competencia, y ese es otro rasgo esencial de la verdadera vida. Si no hay competencia no hay interés, ni tensión, y si no hay cooperación, el ser humano se convierte en inhumano. En el deporte, buscamos un competidor porque nos lo pasamos bien enfrentándonos con él, y porque además mejoramos en el esfuerzo. Intentamos ganarle, pues todo buen deportista sale a ganar hasta en el entrenamiento, pero nuestro competidor es nuestro amigo. Con ese espíritu, se obtiene el máximo rendimiento vital.

* * *

El deporte es además *libre y exterior*. Con esto se quiere significar que la libertad de que goza el deportista no es sólo interior, sino también, señaladamente, exterior. Para algunos autores, la palabra deporte proviene etimológicamente de estar *ad portas,* fuera de las puertas, al aire libre. El deporte es originariamente paralelo, en esto, al teatro. Durante muchos siglos los actores de teatro formaban compañías que se instalaban *fuera de la ciudad.* Justo porque estaban fuera podían tomar la distancia precisa para *objetivarla* y, así, comprenderla. Un cómico busca simbolizar lo que es la ciudad. Le dice a las personas que en ella viven lo que son, y les ayuda de esa manera, con el teatro.

El deporte también *exterioriza en el espacio abierto* aspectos básicos del ser humano —pasión, capacidad de lucha, capacidad de autodominio, etc.—, y, de esa forma nos *objetiva*, y nos ayuda a comprender quienes somos.

La diferencia entre teatro y deporte está en que el primero *representa* y es más exterior, mientras que el segundo *ejercita* y es más interior. El deporte es más socrático que el teatro.

Por eso en la cultura griega el deporte estaba ligado a la religión, ya que ellos se dieron cuenta de que cumplía la función filosófico-religiosa de ayudar al autoconocimiento. El que conoce su verdadera identidad es un ser «divino». Y lo divino es también lo perfecto.

Así pues, el deporte nos da perfección. El buen deportista es el que está *en forma*, expresión profundamente filosófica: desde hace 2.300 años, *forma* en filosofía significa *perfección*. Perfecto significa lo mejor y más completo, aquello a lo que no le falta nada.

Como ahora es ya bien sabido, el mejor deportista no es el que tiene sólo la forma física, sino el que psicológica y anímicamente la posee también. Si falla esto, de poco vale lo otro. Y, viceversa, el que está bien anímicamente pero mal físicamente, acaba con muchas dificultades o incluso viniéndose abajo. Dicho en otros términos: la perfección corporal se requiere para la perfección total del hombre. En la riqueza de la unidad humana, las virtudes necesitan y piden la colaboración del cuerpo y, por eso también, hay que entrenar al cuerpo por y para la virtud, del mismo modo que hay que usar la virtud también para mejorar el cuerpo.

Sólo *excepcionalmente* se puede renunciar a la colaboración virtud-deporte. Forzar el cuerpo contra la salud o no tenerlo en forma, no es lo común ni lo mejor, como tampoco es bueno forzar la virtud en favor del cuerpo. Y menospreciar el deporte en nombre de la virtud, es pereza o cortedad.

En el mundo antiguo, los griegos tenían un profundo sentido del deporte; los romanos menos, porque eran más utilitaristas, y el sentido del deporte se estropea con el utilitarismo. El deporte es un juego y, por tanto, una actividad desinteresada. El profesionalismo en el deporte es perfectamente posible si el dinero no es el fin principal. Cuando el deportista sólo busca puros intereses económicos, el profesionalismo rompe el deporte.

* * *

De otra parte, el deporte se realiza en un *espacio* y un *tiempo* fijados, lo cual significa una primera determinación reglamentaria. Además, con un orden y unas normas particulares de cada deporte. Todo lo cual demuestra, una vez más, que es cultura, pues la regla es un producto de la inteligencia y la voluntad humanas, y en el deporte es menester interiorizar la regla y convertirla en propia disciplina de conducta.

El deporte, además, supone un *aprendizaje,* que se da en el *entrenamiento,* lo cual indica, una vez más, que es cultura. El deportista tiene que aprender primero las reglas, pero luego tiene que aprender también la práctica, lo cual sólo es posible mediante la repetición inteligente. Quien golpea mal con la raqueta muchas veces, al final adquiere unas manías que no solamente le hacen perder el campeonato de tenis, sino que le estropean el brazo. Y lo mismo vale para todos los demás deportes.

Otro elemento esencial es la *tensión* física y psíquica. En ella se expresa la lucha por la mejora, por la superación hacia lo más perfecto, característica del equilibrio deportivo, pues la tensión física debe ser tal que *fuerce sin romper*, la psíquica, tal que *agudice la atención sin llevar al nerviosismo*.

Táctica y estrategia son necesarias y muy importantes, sobre todo en los deportes de campeonato, pero también para todo deporte, pues cada acción, cada ejercicio momentáneo, es un paso en el camino general hacia la meta propuesta de mejorar. La inteligencia ordenadora es fundamental también en todo deporte: sin *plan* no se logra nada, aunque éste haya de ser sólo básico, y no deba ser rígido.

La diferencia entre la táctica y la estrategia está en que la táctica se aplica a cada partido, o a cada actuación, y la estrategia está para ganar el campeonato o para conseguir el objetivo final. Se puede perder un partido para ganar un campeonato.

* * *

En cualquier caso, es particularmente importante subrayar que sin tensión para superar y superarse, no hay deporte. Siempre hay que intentarlo, aunque la competición sea contra uno mismo: superar la marca anterior o superar las dificultades o la desgana de un día determinado. Superar cada vez la tendencia hacia abajo, negarse al pacto de comodidad total firmado con uno mismo.

De hecho, la clave está en la propia *mejora* y en el ejercicio de la *ayuda*, al servir de estímulo al contrincante para que él también mejore. Todo buen deportista quiere ganar, pero sabe que se enfrenta a otro para ayudarse mutuamente. El contrincante no es un enemigo. Si no es así, se trata de guerra, pero ahí ya media un espíritu completamente diferente. La guerra no es deporte verdadero.

* * *

Por último, hay que hacer mención de los conceptos que constituyen y dibujan lo que es el deporte desde el punto de vista de la *virtud*. ¿Qué es la *deportividad*? Se trata de comprender cómo realizar y con qué estilo esa actividad que llamamos deporte.

La respuesta es: *con autodominio hacia dentro y con magnanimidad hacia fuera*. Es decir, en conjunto con lo que Séneca consideraba la virtud por excelencia, la más hermosa de las virtudes: *la grandeza de ánimo*. Ella está profundamente unida a la deportividad.

No se puede encontrar lesionado al portero contrario y meterle un gol. Es evidente que un deportista no ha de actuar así.

Los tratados de ética no han tomado suficientemente en cuenta la relevancia de esta virtud ética fundamental que es *la deportividad*. Ella nos enseña en general a tomar el esfuerzo de superación y mejora como un juego, y a dominar nuestra vida en orden a nosotros mismos y a los demás. El deportista sabe luchar, sabe ganar y sabe perder. Es fácil aprender de la derrota; pero son muy pocos los que aprenden de la victoria. La deportividad es también la virtud del que sabe usar el cuerpo al servicio del alma, y percibe la importancia básica del cuerpo humano.

La deportividad nos enseña a convertir en un reto gozoso y felicitario al *esfuerzo,* el cual en la moral antigua era concebido como dificultad que debía soportarse con tristeza ascética[1].

* * *

El deporte tiene, por tanto, valor transcendente y transcendental. Nos ayuda a conocernos mejor, pues nadie se conoce a sí mismo si no es tentado, si no es *invitado* a ello, y aquí lo somos, pues hemos de poner en ejercicio nuestra capacidad de esfuerzo, de mejora, de dominio de la pasión. Nos sorprendemos al observar nuestras reacciones inesperadas y al descubrir en nosotros posibilidades ignotas. Nos abre a los demás, al comprenderlos mejor, al *dialogar* con ellos en la competición, y al ayudarles con nuestro estímulo. Nos muestra la unidad del ser humano, al experimentar cada uno cómo mejora el cuerpo con la virtud y cómo mejora la virtud con la perfección corporal.

Nos ayuda también, lo que es particularmente relevante hoy, a llegar al final de nuestros días de la manera que pide el ideal americano, o sea «en perfecto estado de salud». Así evitaremos a los demás, en lo posible, la tarea de cuidar de nosotros. En este aspecto, ser deportistas de verdad —no los que se autodestruyen en el exceso— es pensar en el bien futuro de nuestros seres cercanos.

----

[1] Quizás ha sido el beato Josemaría Escrivá el primero, o uno de los primeros, que ha hablado de *ascética deportiva,* en el sentido precisamente de una lucha deportiva entendida como felicitaria.

El espíritu deportivo es particularmente favorecedor del aprendizaje, pues conjuga los dos métodos básicos de él: aceptar enfrentarse a las dificultades, y entusiasmarse con algo.

El verdadero deporte, en resumen, lejos de ser la trivialidad según la cual hoy se presenta a veces, es autoconocimiento, diálogo y auténtica filosofía práctica.

SEGUNDA PARTE

El aburrimiento

«Hay un hecho notable. Las grandes desgracias de la historia, guerras, hambres, epidemias, no dejan ningún lugar al aburrimiento. En cualquier peligro que se esté, en cualquier agobio que se sufra, todas las energías están movilizadas para vencer la adversidad. Sin tener que preguntarse nada, cada uno conoce claramente el fin de su acción y la razón de su esfuerzo. El porvenir asedia al presente. En esa terrible urgencia, casi se olvida que se vive, de tanto vivir ardientemente.

Aparece así que vivir no llega a ser problema más que cuando ya no es problemático vivir. Sólo cuando se está liberado de las necesidades de la vida, uno se descubre dominado por lo que la vida tiene de contingente: entonces aparece el aburrimiento. ¿Qué hacer de la vida, cuando el vivir ya no depende más que de uno mismo?».

Es Nicolás Grimaldi, el que nos ayuda a encuadrar con estas palabras las consideraciones que vienen a continuación. Un poco más adelante, en su trabajo titulado

«Ennui et modernité» (Cahiers de la société ligèrienne de Philosophie», Tours, 1978, pp. 42-43), dice que «en su *Histoire de France,* Michelet sitúa hacia finales del siglo XV el primer ataque de aburrimiento, y que todas las biografías de los duques de Borgoña nos muestran cómo rompen imprevisiblemente sus placeres y sus reuniones para recluirse extrañamente en la melancolía».

Y todavía añade que, unos siglos después, ya en el XIX, «a pesar de la cautivante exhortación del señor Guizot [Primer Ministro] a enriquecerse, de todas partes iba a elevarse hacia [el rey] Luis-Felipe [de Orleans] una insistente y punzante voz que, finalmente, acabaría por destronarle: *Sire, la France s'ennuie:* «Señor, Francia se aburre» (p. 45).

Estas pinceladas dibujan, incipiente pero clara y profundamente, algunos de los rasgos característicos de una enfermedad que es tanto más seria cuanto que no lo parece: el *aburrimiento.*

Cuando en la vida ya no hay problemas, es la vida misma la que se convierte en problema: ¿Qué hacer hoy? *Tenemos,* está a nuestra disposición, algo decisivo —el tiempo— que no queremos o no sabemos usar. Ahora bien, como el tiempo pasa, de hecho el no usarlo es un dispendio, una forma de «exceso» existencial. Por eso, tradicionalmente el aburrimiento se considera enfermedad de rico. Es Montesquieu el que nos lo dice: «Todos los príncipes se aburren: prueba de ello, es que se van a la caza». Y Rousseau, en el «Emilio», apostrofa: «El pueblo no se aburre: lleva una vida activa»; por el contrario, «el gran azote de los ricos es el aburrimiento. En medio de muchas y costosas diversiones, rodeados de tanta gente que se ocupa en hacerles la vida agradable, se aburren hasta la muerte». *(Émile, ou de l'éducation,* IV libre, p. 438 ed. Richard). Pero no es sólo el crecimiento de la riqueza el causante del problema.

Los antiguos griegos conocían bien la «anía», los latinos el «taedium», y también los medievales desarrollaron una cuidadosa y profunda teoría acerca de dicho tedio. Con todo, el aburrimiento es un fenómeno —como bien muestra Grimaldi— que se agudiza en los últimos siglos. Y, a mi juicio, la explicación está en que, en ellos, no sólo aumenta la riqueza, sino que, con el crecer de ella y de la instrucción se disparan las posibilidades, los mundos posibles e imaginarios, pero no se desarrolla al mismo tiempo el arte suprema y más sencilla —es decir, más difícil—, del espíritu, a saber, el diálogo.

Que precisamente la gente más instruida, ya que no educada, es la más capaz de aburrirse lo vio bien Nietzsche: «Los animales más finos y más activos son los primeros capaces de aburrimiento», apunta. Y ello porque están más despiertos para lanzarse a muchos mundos posibles que buscamos poseer pero que, una vez alcanzados, nos decepcionan.

Antes de Nietzsche, A. Schopenhauer había comentado, en sus *Parerga y Paralipomena,* el aforismo antiguo romano: «al pueblo, pan y circo». El pan simboliza el objeto de los deseos de la gente. Una vez que lo obtienen hay que darles el circo para que no se aburran. ¿Son la televisión o las discotecas el circo?

En cualquier caso, lo que sugiere, una vez más, Nietzsche, es que el aburrimiento popular es trivial y por ello —así hubiera dicho Kierkegaard— más grave, más difícil de curar. Algo parecido sucede con el aburrimiento juvenil: no es agudo, y a veces se sabe esconder bien, con

61

la diversión y la actividad trepidante. Pero es tanto más serio cuanto menos se toma en serio.

La tesis que se va a sostener aquí, de modo breve, acerca del problema que nos ocupa, se expresa de la siguiente manera: el aburrimiento es una muerte social, y su causa una insuficiencia filosófica.

Generalmente se suele decir que se trata de una cierta muerte personal, una *tristeza* o tedio, pero aquí se ve muy bien la verdad de la idea según la cual el hombre es un ser social, de manera que su muerte *en cuanto persona,* no la física, es idéntica con la muerte de la sociedad. Y la persona, en cuanto persona, muere de hecho exactamente por lo mismo que muere la sociedad: por la desaparición del diálogo. Ahora bien, éste —como bien ha visto, por ejemplo, M. Heidegger— no es lo mismo que el parloteo o la verborrea. Dialogar —como ya se ha señalado— es un arte muy difícil, por su sencillez: su realización es el ejercicio mismo de la filosofía. Por eso, lo que se quiere decir aquí se puede expresar también de la siguiente manera: alguien se aburre porque su filosofía se encuentra bajo mínimos.

Muchos responderían, en este momento, que es más bien *por culpa* de ella por lo que se aburren. Pero aquí la filosofía podría bien decir, como la vieja canción: «yo no soy esa que tú te imaginas», o que te han hecho creer que soy.

El que se aburre es alguien que *rechaza,* es decir, un *crítico* en un cierto sentido de esta palabra. Aburrirse significa *no aceptar: ab-horrere,* aborrecer, o, en otras lenguas, con otro matiz, *in-odiare* (ennui, noia, annoyance). Aburrirse es, así, no *interesarse,* no practicar el *inter-esse,* no estar metido dentro. Inicialmente, pues, y ese era el sentido clásico, el aburrimiento iba dirigido hacia fuera, a objetos, a personas. El problema está en que, tanto más los rechazamos, tanto más nos quedamos solos con nosotros mismos, solos con nuestra propia vida.

Pero hay dos soledades: la activa y la pasiva. La primera es sólo aparente: me separo momentáneamente para ponderar y calibrar aquello en lo que estoy interesado, aquello que me gusta. La segunda es la propia del aburrido y muestra un rasgo muy característico —aunque no aparente— de él, a saber, la *debilidad.* El aburrimiento es una forma de debilidad, como la melancolía romántica, que se diferencia de él sólo en que esta última pone en juego la imaginación. Tanto la imaginación de pasado —nostálgica— como la de un futuro que no es dibujo de un proyecto práctico, son muestras de huida de la dureza de lo real. Pero ¿hacia dónde huir, entonces? No queda más que un sitio: hacia mí mismo.

Aparece así el yo *particular,* en el romanticismo en forma de *tragedia interior, y* en el aburrimiento en forma de *percepción pura del tiempo.* El aburrido es el que percibe el pasar del tiempo, en cuanto tal, como un vacío. Es la experiencia pura del tiempo, un tiempo que carece de cualidad, de color, sonido y sabor. Experimentar el pasar de un tiempo en el que no pasa nada.

Salta a la vista, pues, que lo que une al romántico y al aburrido —en sus diferentes modos de ser— es la inquietante presencia interior de la negación, del vacío, de la nada. Se trata de una estrechez o angostura —angustia— propia de la falta de recursos. Uno de los primeros que la tematizó en la Europa moderna fue Pascal. Pascal define el aburrimiento como «vivencia de la nada del ser», y dice que pertenece a «la condition de l'homme».

Después de él —y quizá más a fondo que él— ha sido Kierkegaard el autor que más brillantemente ha profundizado en esta idea. Lo aburrido es lo vacío y carente de contenido, dice en *El concepto de ironía* (XIII, 386, La *ironía según Fichte*, final), y «una continuidad en la nada». Es «una eternidad sin contenido, una felicidad sin gusto, *una profundidad superficial, un hartazgo hambriento...*».

Si al rechazar lo otro, no me encuentro a mí mismo, sino que me encuentro con el vacío, eso quiere decir que para encontrarme a mí mismo tengo que hacer justamente lo contrario: aceptar lo otro, o el otro, interesarme, tomarme en serio lo otro.

Pero, para poder hacerlo, debo llevar a cabo un trabajo, un verdadero trabajo, muy sencillo, o sea, muy difícil: *cambiar el lugar de la negación*. Si antes negaba, rechazaba, lo de fuera, ponía la negación fuera («me hastía todo»), ejercitando así el *espíritu crítico* en su forma más común, ahora he de poner la negación dentro, he de negarme a mí mismo, pues esa es la condición imprescindible para aceptar al otro. En la medida en que esa negación se suele llamar humildad, es también la causa de la maduración, de la madurez. El perpetuo crítico es —como es bien sabido— el perpetuo inmaduro.

Sólo si te vacías interiormente lo otro se destaca en su ser, en su existir, ante ti. Aquí entramos en el punto más difícil. ¿Por qué nos aburrimos? Porque *deseamos* algo que pudiera llenar nuestras aspiraciones, nos diera la paz, el entretenimiento, la aventura feliz y perpetua, y todo ello en plenitud y sin esfuerzo. Pero de antemano sabemos —en el fondo de nuestro corazón— que eso no es posible. Entonces nos dejamos caer, nos deprimimos, nos ponemos melancólicos, nos aburrimos.

64

Ante este problema, ante la cantidad de veces que el deseo nos muestra su engaño o su futilidad, muchos han pensado que la culpa del aburrimiento es precisamente el *deseo,* y que por ello, tendríamos que suprimirlo. Así, el budismo Zen o Schopenhauer.

Pero la solución es más que dudosa. ¿No representa otra forma de cobardía? La valentía está en *aprender a desear correctamente*: querer lo que podemos desear y desear lo que podemos querer.

Para saber *qué y cómo* debemos desear, no tenemos que suprimir el deseo, sino *suspenderlo* momentáneamente. Se trata de una tarea que requiere esfuerzo y valentía, porque, al principio, yo soy mis deseos, mi *yo* está aparentemente identificado con ellos («Quiero esto o lo otro»). Pero debo olvidar ese yo para que el *otro* se destaque ante mí, no como yo me lo imagino, sino como *es.* En nuestros días, ha sido Robert Spaemann (en su obra *«Felicidad y benevolencia»*) quizá el que mejor lo ha dicho: sólo si pensamos que el *otro* es un cierto *absoluto,* una cierta *realidad existencial,* podemos tomarnos en serio la relación con él.

Es decir: podemos y debemos ironizar sobre los sucesos de este mundo, y también sobre nuestros deseos, pero no podemos ironizar sobre la persona, ni del otro ni mía.

Ahora bien, ¿qué significa aceptar a otro como *absoluto* y, sin embargo, relacionarme con él? Significa dialogar.

Vemos así que el diálogo tiene su origen en el esfuerzo de autonegación y en el esfuerzo de dejarse maravillar por la realidad del otro ser. Es verdad que «en la variedad está el gusto», pero eso es sólo una parte de la verdad. Un gusto profundo se obtiene en la *constancia,* en la *repetición,* por el fruto que ella trae.

En un texto que Christoph Kuffner, autor vienés, escribe para Beethoven, y que éste colocó en su preciosa *Fantasía coral* (op. 80), se lee: «Wenn sich Lieb' und Kraft vermählen, lohnt dem Menschen Götter-Gunst», es decir, «Cuando se unen el amor y la fuerza, el favor divino recompensa al hombre».

El amor y la fuerza dan lugar a la *palabra en el diálogo:* tengo algo que decir, porque me he vencido —la fuerza de negarme— y me he llenado *de lo otro o del otro,* que me entusiasma. Así, puedo *responder.* Ese responder es un *activo dar a luz en la verdad.* Es una novedad, una ocurrencia, pero no caprichosa, sino originada por el encuentro con lo real, con el ser del otro.

En cuanto la filosofía es el ejercicio del espíritu que me entrena para ver el ser, lo real, la filosofía es el *instrumento universal básico* para el *diálogo,* es decir, para la existencia de la *sociedad,* o sea, de la *persona.*

El ordenador es el instrumento universal básico para la información, o sea, para el *poder,* pues la *información* es poder. Pero la filosofía lo es para la *sociedad,* es decir, para la *humanidad,* para que el hombre sea hombre.

Comprendemos, pues, que no hay *interioridad real* sin el descubrimiento de la *exterioridad real* y su aceptación. El melancólico y el aburrido toman la pura apariencia, no se atreven con el peso de lo real, porque tienen mucho sentimiento, pero les falta *voluntad.*

Según el famoso dicho de San Juan apóstol, en el amor no hay temor. Y tampoco hay soledad. Si bien es cierto que la unión completa no es posible en este mundo, son el diálogo y la esperanza las que convierten definitivamente el regalo, el don, en algo verdadero y, aunque no pueden quitar todo encerramiento accidental, apartan, sin embargo, toda soledad *esencial.*

Así, y para terminar, vemos que dejar de lado el aburrimiento significa abandonar todas esas secuelas suyas tan típicas y tan magistralmente descritas por Tomás de Aquino: *evagatio mentis, verbositas, curiositas* (afán inmoderado de novedades), *importunitas* (dispersión), *inquietudo, instabilitas loci vel propositi.*

Además, el *torpor,* o embotada indiferencia ante lo grande, la *pusillanimitas,* o espíritu pequeño, la maldad o la desesperación. En realidad, el aburrimiento es una desesperación encubierta.

Para no aburrirse, en suma, hay que seguir los tres pasos adecuados de toda vida, sea profesional, deportiva, familiar, religiosa, etc. Antes de nada, hay un primer deseo, que despierta nuestra atención. Pero enseguida vemos que lo deseado no nos llena, que su apariencia era engañosa en parte. Si por debilidad, debida a la excesiva juventud o al descuido —el descuido nos hace dejar de lado el entrenamiento que fortalece—, abandonamos el interés por lo deseado —ya que nos frustró—, caemos primero en el aburrimiento, y luego en la desesperación quizá.

Pero si, tras el primer deseo, ponemos la constancia, entonces realizamos el segundo momento: la *studiositas.* El esfuerzo del *estudio,* que —como el origen latino de la palabra indica— significa mirar algo con amor.

El que tiene deseo y añade estudio, el que tiene buena disposición y con esfuerzo adquiere escuela, oficio, ése está en condiciones de recibir el favor divino, o sea, de llegar al tercer momento: en él descubre infinitas novedades —tras pasar por el estudio— en aquello que primero sólo era el brillo fugaz de un deseo inicial.

Consigue así, gracias a una filosofía verdadera, es decir, que se demuestra en la vida, y que es, por tanto, también práctica —filosofía práctica—, un diálogo, que le da la alegría permanente. No superamos de verdad el aburrimiento por la excitación de la guerra —que es una pseudo-fiesta—, ni por el frenesí, —con eso sólo conseguimos un mal olvido—, sino por la verdadera fiesta del espíritu: *estar* con Dios, los hombres y la creación entera.

Felicidad y sufrimiento

Que la felicidad y el sufrimiento poseen una sólida relación es una tesis defendida desde antiguo —sobre todo en el ámbito cristiano— por autores de merecida fama. El título propuesto tiene, pues, una base en la tradición, y añade a ello el atractivo de resultar desconcertante hoy para la mayoría de las personas.

¿Qué significa felicidad? Supuesto que sea lo que comúnmente se piensa —un estado de gozo pacífico y placentero—, ¿podría alguien alcanzarla alguna vez y, menos aún, de modo duradero? ¿Y, por otra parte, qué tiene que ver el sufrimiento con la felicidad, a no ser —como se supone— el hecho de que se excluyen mutuamente?

Para muchos, estas cuestiones carecen de interés, simplemente porque no saben o no quieren reflexionar acerca de sí mismos y de su posible felicidad. A estos van dedicadas las primeras reflexiones.

En primer lugar, se puede decir que, guste o no guste, es imposible dejar de preguntarse sobre lo que afecta a la propia realidad humana. El que rechaza el hacerlo, el que evita el estudio, la búsqueda de sí mismo, lleva a cabo un acto de *poder* absoluto: pretende hacer con su vida lo que quiere y ni siquiera tener que *dar razón* de ello. Es más, piensa que si encontrara una razón dejaría de tener *poder absoluto*, y es éste el que, en el fondo, quiere tener. La resistencia tan sutil, tan dura y generalizada, al propio examen, al *conócete a ti mismo*, el no querer dar siquiera el primer paso en esa dirección, demuestra que sabemos mucho más acerca de nosotros mismos de lo que fingimos conocer: *sabemos que si aceptamos la autorreflexión —el conocimiento de nosotros mismos— perderemos el pretendido poder absoluto de la propia voluntad espontánea, libre.*

Hegel sostuvo, por contra, que la autorreflexión y autoconocimiento absolutos, *el conocimiento absolutamente absoluto*, era la libertad, pero una libertad que al ser plenamente racional, no era caprichosa.

Con todo: nadie tiene un autoconocimiento perfecto, pues, si lo tuviéramos, tendríamos también un poder absoluto, ya que el que sabe todo puede todo. Pero no es el caso. Por el contrario, el común de los mortales tiene la sensación de que cuanto más sabe de sí mismo, efectivamente *se domina* más, pero al tiempo, tiene más claro que él o ella no poseen ningún *poder radical*, ni sobre sí mismos ni sobre la realidad en general.

Quizá porque hay quien no quiere pertenecer a ese grupo común de personas, prolifera hoy la figura del hombre *experto y crítico*. El sabe muchas cosas, pero menosprecia el autoconocimiento y la filosofía. Cuando la realidad le empuja a aceptar que las ciencias puramente objetivas no bastan, que es menester tener en cuenta al hombre, convierte a éste en un *factor* o en un simple nuevo objeto material de estudio. Desarrolla *técnicas* para su tratamiento y dominio.

Es frecuente que este tipo humano con el paso de los años y, casi sin darse cuenta, se vaya haciendo filósofo. En realidad, no hay manera de escapar: no podemos dominar —en parte— más que aquello que conocemos y, aunque alguien decida no dar cuenta de su *yo más profundo*, se ve inclinado a conocer su *yo cotidiano, su naturaleza*, precisamente porque quiere también —en la medida de lo posible— ser dueño de ella. No es posible librarse de la filosofía.

* * *

Y cuando analizamos esa pequeña filosofía que se despierta poco a poco en todo ser humano, vemos cómo se construye en relación y en torno a tres dimensiones, que tienden a combinarse pero que, según el carácter de cada persona, se destacan de una u otra forma. Son tres constantes, que representan tres dimensiones o inclinaciones fundamentales de la naturaleza humana: la tendencia al *poder*, al *reconocimiento* y al *placer*.

Clásicamente, la *naturaleza* se suele definir como *lo que tiende a un fin*, y los citados son tres fines radicales que aparecen en la *naturaleza humana*. Ellos comportan las *tres actitudes* que se pueden tomar ante los *bienes* que el mundo nos ofrece:

a) Ser *principio* de ellos
b) Ser *medio* de ellos
c) Ser *fin* de ellos.

El *poder* es un *principio,* un tener *medios a disposición,* para transformarlos. En el poder nos sentimos originarios, independientes, autónomos.

El *reconocimiento* —fama, nombre, brillo— es un *medio.* Gracias a él transmitimos algo y somos conocidos y quizá apreciados. En el brillo nos sentimos en el medio de todas las relaciones.

El *placer* es un término, porque en el placer nos colocamos explícitamente como el punto para el que tienen sentido los bienes: existen para que yo, constituido ahora en fin, goce de ellos.

* * *

Siempre que se pueda, es mejor intentar hacerse con el *poder,* pues, sabiamente administrado, nos puede conceder brillo y placer. Además, nos universaliza, en la medida en que permite expandir nuestra influencia. Y nos da el prestigio de la fortaleza y de ser originarios.

El *reconocimiento* es una realidad ambigua. Cuando se busca por sí misma hace gozar y sufrir. Gozar, porque hay una ampliación del propio ser, ya que se entra en los otros. Sufrir, porque los demás no entran en nosotros, por razón de lo cual nos desconcertamos y nos sentimos extraños frente a ese «público».

El que busca el reconocimiento no es *fuerte,* como el *poderoso,* sino que en cierta medida es fuerte y en cierta medida débil. Si se quiere tener, en forma pura, *reconocimiento, éxito,* hay que tomar esa actitud, en parte fuerte y dominadora, en parte débil. Así hacen, por ejemplo, los artistas famosos. Es impensable que hacer alarde de puro poder pueda convertir a alguien en ídolo de forma duradera, y tampoco la simple exposición del puro placer que goza, de su debilidad por algo o alguien, le da éxito permanente. Ni el que está atento sólo a su goce, ni el que quiere sólo dominar, pueden convertirse en ídolos del gran público. El éxito pide una sabia dosificación entre la fuerza y la debilidad.

El *placer* es lo que más se parece a *la felicidad*, pues se suele considerar que ésta es el fin principal para la vida del hombre: la felicidad es *lo que* se persigue. Justamente por ello Nietzsche rechaza su importancia y primacía: no vale la felicidad aristotélica y ni siquiera el placer epicúreo. No es que niegue el placer, sino que no le concede un carácter primario: el superhombre es aquel que ejercita el poder, pues la voluntad es poder. Ejercerlo es lo que hay que hacer. Buscar la felicidad, en cambio, es un error.

Y, efectivamente, no nos imaginamos que un hombre meramente poderoso o uno cuya vida está volcada al puro éxito, sean muy felices: no concuerda con nuestra idea de felicidad. En cambio, un conjunto de *placeres en reposo* —como dice Epicuro— hábilmente combinados, sí que pueden hacernos pensar en ella. Felicidad y placer están cercanos.

En realidad, para que alguien pueda ver el poder o el éxito como felicitarios ha de convertirlos, de fines genéricos de la tendencia natural, en objetos de reflexión y contemplación: *gozar* viéndose poderoso o famoso.

* * *

Aunque ejercer *poder, ser reconocido, gozar del placer,* son *verbos, actos,* lo son en forma de afectar también al sujeto, a la persona que los vive: son *pasiones*, y el que más, el *placer*. Por ello, y así pasamos al otro punto que nos ocupa, en la medida en que la pasión es un cierto sufrimiento y el placer por un lado es pasión y por otro tiene estrecha relación con la felicidad, resulta plausible el enlace entre sufrimiento y felicidad.

En general, lo que llamamos simplemente *sufrimiento* es la *pasión principal* —así lo dice, por ejemplo, Tomás de Aquino—, de manera que se confirma lo ahora apuntado: la felicidad y el placer están en el sufrimiento. Esto suena algo extraño, pero quizá podamos dulcificar lo duro de la afirmación si recordamos algunos textos místicos, en los cuales se sostiene que el amor de Dios es, para el que ama, más duro que su justicia. O, simplemente, si tomamos en cuenta que las mujeres —que comprenden por lo general la felicidad algo mejor que los hombres— son también más sufridoras que ellos. «Ha sido una película preciosa: cuanto hemos llorado»: frases como estas, expresadas con naturalidad por mujeres, han desconcertado a no pocos hombres.

Una forma patética y extrema en la que se muestra la realidad del punto ahora aludido es el *sadomasoquismo,* el cual ha interesado mucho al pensamiento occidental en la segunda mitad del siglo XX.

El sadismo es una forma de sufrir tan aguda o más que el masoquismo, pues el sádico experimenta su propia pasión y además *objetiva* y en cierto modo vive el sufrimiento del otro. El sádico es una figura tan antigua como la humanidad y relativamente numerosa desde tiempos pasados, mientras que el masoquista es figura menos frecuente y resulta ser también menos inteligente: puestos a sufrir a fondo y a pasarlo bien, es más adecuado el sadismo. El masoquismo es demasiado *individualista* —y no *subjetivo*, pues la subjetividad requiere para su desarrollo una buena relación al otro— para conceder verdadera felicidad.

Toda mujer puede, si se lo propone, consciente o inconscientemente, ser algo sádica con las personas a las que quiere. A esos extremos de *finesse* raramente llega el hombre: si es sádico se limita a imponer su poder y su brutalidad. Si es masoquista no es nadie. La mujer, como ya quedó aludido, tiene siempre mejor sentido de lo felicitario.

Ahora bien, estas últimas consideraciones nos hacen ver que el planteamiento hecho hasta ahora, no es suficiente. Cuesta trabajo aceptar que el llevar hasta sus últimas consecuencias aquello a lo que la naturaleza nos inclina —obtener el placer y la felicidad— nos conduzca a actitudes tan tremendas.

Alguien podría decir: basta con *moderar* esas tendencias. Pero precisamente ahí está el punto. Si por moderar se entiende simplemente no ejercitar algo de manera plena, la pregunta es ¿por qué? ¿Qué razón podría justificar eso? Si más bien se piensa que hay una *medida* —tesis que parece más verdadera—, entonces es menester recordar que la medida está *más allá* de lo medido, es decir, en este caso concreto, que ha de haber un *más allá de la felicidad* precisamente para que ella se pueda dar como algo verdaderamente humano, y no en la forma sadomasoquista.

En el fondo, pues, la búsqueda de la felicidad o nos conduce a la búsqueda de la pasión extrema, tal como pretende el sadomasoquismo, o bien tenemos que encontrar la medida de la felicidad y, con ella, la de la pasión.

El carácter espantoso de la primera posibilidad es una invitación a considerar que es inadecuada. Si se puede hablar así, la *naturaleza humana*, llevada a sus últimas consecuencias, nos muestra que hemos de *dar el salto y abandonarla* en su imposible *forma pura*. Para el hombre, el ser *meramente natural* —cuyas posibilidades extremas explora el sadomasoquismo— es infrahumano. El hombre sólo es humano o «naturalmente humano», y ahí está la paradoja, desde una *medida* superior a su «mera naturaleza».

El aludido carácter espantoso que la felicidad máxima posible tiene para una *pura naturaleza humana tomada en absoluto,* es una especie de *lección* que la divinidad nos da al respecto. Nos advierte que no se puede ser feliz en la absolutización de nuestras posibilidades meramente naturales. Por eso, el placer en lo *feo* y en lo *sinsentido* es «diabólico». También por ello toda *persona normal* ha querido encontrar ese *más allá* de la felicidad, esa medida que la justifique y le dé su ser y sentido verdaderos.

* * *

Por lo dicho hasta ahora, ni poder, ni brillo podrían ser ese *más allá* que diera la felicidad ya que, en todo caso, están al mismo nivel del placer, o incluso más acá. No pueden ser su medida porque, en realidad, *terminan* en él.

El autor clásicamente citado en orden a solucionar este problema es Aristóteles. Para él, la felicidad no es primariamente pasional, sino lo perseguido por la *razón,* y lo que ella busca es la *virtud*, no el *placer*. Así pues, la virtud perfecta es la que nos haría felices.

Con esta finta, Aristóteles salva el problema grave que comporta la identificación de sufrimiento y felicidad a través del placer (que es pasión y «felicidad» al tiempo). La virtud se tiene en orden al *bien,* y éste es racional, y la razón, a su vez, *activa y universal.* Por tanto, nos hemos liberado de todo horror y encerramiento en el yo *particular,* y, también con ello, habríamos desconectado *felicidad y sufrimiento.*

Ahora el sufrimiento sólo se relacionaría con la felicidad en la medida en que sin *esfuerzo* no se adquiere la virtud, y ese esfuerzo puede ser entendido —en sentido amplio— como sufrimiento.

Pero lo importante es que el sufrimiento queda excluido cuando alcanzo la virtud: en ella sólo se da —presuntamente— el gozo, pues el virtuoso reposa en el bien, es más activo que nadie, y todo lo hace con facilidad.

* * *

Salta a la vista, sin embargo, que esa figura del hombre feliz es extraña. Como el propio Aristóteles reconoce, la *amistad* es lo mejor de la vida y nos debería hacer felices, pero no podemos pensar en alguien que es amigo y no sufre por la persona querida. Y tampoco tiene sentido sostener que bastaría la virtud, sin la amistad, para ser felices.

Aquí vemos que el sufrimiento adquiere otros matices diferentes a los del planteamiento sadomasoquista. Yo sufro, sí, pero no por mí —para mi placer— pues más bien preferiría no hacerlo, sino que sufro por *el otro.* Aparece por primera vez el respeto del *otro,* de la verdadera alteridad. Pero es este punto, precisamente, el que Aristóteles no ve con claridad suficiente, y el que hace, por ello, ambigua su doctrina acerca de la felicidad.

Para tener amigos y no sufrir hace falta o que yo considere que no sufren mal ni dolor alguno, lo que va contra toda experiencia, o que yo estime los que parecen males como *simples* bienes. En cualquier caso, el procedimiento que sigo es el de *no asumir,* no tomar sobre mí como verdadero y real el mal del otro.

Entendemos, por tanto, que el único modo —si queremos ser realistas, es decir, si queremos aceptar la existencia del otro— de tener amigos, de querer de verdad, es aceptar el sufrimiento. Y al asumir la verdad de la negación que es el sufrimiento, la vencemos. Pues no tomamos lo que de negativo tiene de manera positiva, para gozarnos y tener placer en ello, con lo que estaríamos a su merced, sino que lo asumimos en su negatividad, y así, nos molesta, pero no permitimos que nos venza, le vencemos nosotros.

Esa es la forma de entender el sufrimiento, la cruz de Dios. La manera en que se suele expresar es: El cargó con las consecuencias —negatividad— del pecado y así no «se hizo pecado» en el sentido literal, sino que lo venció.

Como es bien sabido, amar implica sacrificio, pero es imposible ser feliz sin amar. Nos encontramos, entonces, con la repetición de lo sostenido por el sadomasoquismo: *no hay felicidad sin sufrimiento.* Pero el *modo* como esa frase está comprendida es completamente distinto.

El amor es la permanente victoria de la vida sobre la muerte, mientras que la pura pasión es la constante victoria de la muerte sobre la vida.

La finura del espíritu

«Aquel que admira mezquinamente cosas mezquinas, no es más que snob» («*El libro de los snobs*», c.2.). Esta famosa definición, salida de la pluma del principal clásico en la materia, el novelista británico William M. Thackeray, parece troquelada para presentar, por contraste, la idea esencial de *finura de espíritu:* «Aquel que admira magnánimamente cosas grandes, ese es fino de espíritu».

La expresión es forzada y todavía poco comprensible, pero los próximos desarrollos intentarán mostrar que, contra lo que puede parecer a primera vista, contiene la verdad sobre el concepto de finura de espíritu.

No es artificioso comenzar con esta comparación, pues a nadie escapa, por una parte, que hoy la figura del snob se extiende mucho en la sociedad, y no sólo a través de la «jet-set» y de la «movida» postmoderna; y, por otra, que el concepto de finura de espíritu contiene una marcada carga estética, justo aquella que el snob quiere destacar, aunque la perfile como esteticismo: ser snob es una *pose,* es artificioso.

Alguien podría decir que, desde el primer momento, se están forzando las cosas. Ser fino es algo que se refiere al comportamiento y del comportamiento humano se ocupa la ética, la moral. No hay que enfocar el tema, pues, desde una perspectiva fundamentalmente estética. No emplear la finura puede resultar ofensivo en el trato. Es, pues, un problema moral aquel con el que nos enfrentamos.

Pero un tercero, quizá más metafísico, podría aducir que la finura se refiere más bien a la verdad del hombre: una persona fina es la que percibe y vive profundamente la verdad del ser humano.

Se intentará mostrar que los tres tienen razón, si bien lo más característico de la finura de espíritu es tal vez el momento estético. Los tres tienen razón porque no se puede poseer la cualidad citada si no se actúa de forma *verdadera, buena y bella*. O, dicho en otros términos, que el ideal clásico griego está aquí en juego. Pues el ideal clásico era el de la *plenitud,* y ella está profundamente relacionada con la grandeza a la que al principio nos referíamos.

En efecto, finura o fineza, significa en español, como dice Sebastián de Covarrubias en su «Tesoro de la lengua castellana o española» (p. 596), «algunas veces agudeza, otras perfección de la cosa y, en término cortesano, cierta galantería y hecho de hombre de valor y de honrado término». Las descripciones que nos dan otros diccionarios no difieren substancialmente de este punto de vista, pero algunos completan la comprensión con la referencia etimológica. El origen del término está en el latín *finis o finitus.* Es decir, que lo fino es lo acabado, lo pleno, lo *perfecto* en suma. Y ¿qué puede haber de más grande que el actuar según perfección?

Finura significa, pues, en español, perfección. Al decir esto nos amenazan, inmediatamente, algunos peligros. Para algunos, *perfección,* no significa ya nada. Para otros, tiene un contenido inmediatamente moral e incluso religioso, pero nada más.

* * *

Perfección significa, en primer lugar, acabamiento. Una cosa o una acción perfecta es una cosa o una acción acabada. Pero, precisamente por ello, quiere, paradójicamente, decir dos cosas más. Por un lado, que es una *síntesis* del proceso que en ella termina: el final, el árbol, es la recopilación de todo el proceso que condujo a él desde la semilla. Por otro, y aquí está la máxima paradoja, es *más* que ese proceso, no se reduce a serlo, pues éste ya ha terminado. Es decir, que la perfección trasciende al proceso. Si recordamos que todo movimiento, todo proceso, se da en un tiempo, podemos decir que la perfección es una *síntesis* del tiempo y, a la vez, es más que tiempo, es *eternidad.*

Esto se puede ver bien en el ejemplo clásico de la acción perfecta, es decir, en la acción *virtuosa.* La virtud es perfección. Pues bien, ¿no es la virtud una síntesis del tiempo? En efecto, para adquirir cualquier virtud hay que ensayar, hay que entrenarse, hay que repetir actos. Se trata de un aprendizaje. Pero ¿no es este aprendizaje un retener sabiamente lo que va pasando? La virtud es un *saber,* y no hay saber sin memoria, sin retención del pasado. Pero, al mismo tiempo, toda virtud nos permite dominar el futuro, *saber cómo tenemos que actuar.* De este modo, la virtud es una síntesis del tiempo. Una síntesis... y algo más. Porque, como quedó dicho antes, la síntesis transciende al tiempo. El virtuoso está por encima del tiempo, lo domina en general. Por eso es *constante* y no está a merced de los vaivenes temporales y accidentales. Está en el mundo, pero puede con el mundo, en mayor o menor medida.

¿Quién es por ejemplo, según el cristianismo, el que tiene la virtud de la fe? El que sabe cuál es su pasado fundamental —Dios— y el que está convencido de que ningún avatar futuro le podrá apartar de El. Por esa razón, San Juan dice que la fe vence al mundo (Ioh. I, 5-4) es decir, que vence al tiempo, o sea, que me instala en la eternidad.

Pero no son estos los únicos rasgos característicos de la virtud. Como es sabido, ella me *universaliza:* el que sabe, sabe para todas las ocasiones. La virtud rompe los estrechos moldes de mis límites individuales, y me abre universalmente. De otro lado, me *interioriza.* ¿Qué quiere decir esto? Que nacemos siendo hombres, pero aún no *humanos.* Nos humanizamos, nos hacemos nosotros mismos cuando adquirimos los hábitos virtuosos. Esos hábitos nos interiorizan en la medida en que nos enriquecen como hombres en nuestro propio ser.

Así pues, la virtud es universal y concreta, existencial. Es el universal concreto tan anhelado por la filosofía. Pero si es el universal concreto, es la *perfección.* Si la finura es la *perfección,* como quedó dicho, parece que hemos llegado, pues, al final. Tendrá más finura de espíritu aquel que posea más hábitos virtuosos.

Y no hay duda de que esto es así. Deberíamos, pues, simplemente mostrar la entera paleta fundamental de esas virtudes, *especulativas, activas y productivas* —tal como aparecen descritas, por ejemplo, en la obra «El sistema de las virtudes humanas», de Jesús García López—, para hacer una descripción de cómo ha de ser, en concreto, un hombre fino de espíritu.

* * *

Y, sin embargo, nos damos cuenta de que el asunto está lejos de estar resuelto satisfactoriamente. En primer lugar, porque todo el mundo es consciente de que se puede ser un gran científico o un gran artista, al tener las virtudes, o sea, los saberes correspondientes, y, con todo, no poseer eso que llamamos finura de espíritu. Es decir, todos tendemos a colocar esta cualidad más bien en el campo del comportamiento moral, en el terreno de nuestras relaciones con los demás. No es que no se aplique a los otros campos, pero especialmente va referido a éste. Y hay una razón para ello. El ser humano no puede establecer una relación más alta ni más profunda que, precisamente, con otro espíritu. La ciencia y el arte quedan aquí en un segundo lugar. Por ello la finura de espíritu tiene que ver principalmente con la *atención* a los demás, con la *atención* al otro. Es esa actitud la que más profundamente me universaliza e interioriza, y, por ello, la que más profundamente me perfecciona.

Pero, en segundo lugar, cuando mencionamos la virtud moral, nos colocamos, claro está, en el ámbito del *bien* y, sin embargo, es notorio que el concepto de finura de espíritu tiene, como ya quedó dicho, una referencia *estética* fundamental. Lo podemos ver en las definiciones usuales de esta expresión. Junto con la alusión a la idea de *perfección,* se encuentran señaladas principalmente las ideas de *detalle y agudeza.*

No es fino sólo el moralmente perfecto, sino el que capta el *detalle*. Ahora bien, el detalle es algo estético, pues la estética se refiere al modo de disposición de los elementos de un todo, y la recta disposición es el detalle. ¿Qué busca la estética? Que *brille*, que luzca algo, y para ello ha de disponer las piezas de tal manera que pase la luz, y que pase de un modo u otro, dejando una *sfumatura* u otra. El orden —en griego, *cosmos*— de los elementos permite que pase la luz y que pase de forma adecuada; por eso la *cosmética* es el arte de ordenar el rostro para que luzca.

Si no se atiende al detalle, una buena intención moral se puede convertir en un acto hasta ofensivo, pues se puede dejar ver algo contrario a lo que se intentaba. Dicho de otro modo, que es un error fundamental presentar la moral, la ética, de modo absoluto y aislado. Una acción ética pura, es una acción no ética. La ética sin la estética no es ética. De ahí la gran importancia de la *finura de espíritu,* como noción y como realidad.

En nuestros días, ha sido quizás Hans-Georg Gadamer el autor que más claramente se ha dado cuenta de este problema: que la separación radical de ética y estética ha dado al traste con la moral misma.

Para empezar a salvar la situación, Gadamer recurre primariamente a los conceptos de *formación, sentido común, juicio y gusto.* Son conceptos fundamentales de la tradición humanística. Aquí vamos a tomar en consideración, y unidos, gusto y juicio.

Lo más contrario al buen gusto no es el mal gusto, sino el no tener gusto. Una acción moral hecha sin su concurso no nos parece ni digna del hombre ni verdaderamente moral. Preferimos que se haya hecho con mal gusto: ahí se encuentra por lo menos un interés escondido.

Podemos ver el *juicio del gusto* como un cierto *preanuncio* de la moralidad —como apunta Kant—, pues tendemos a considerar bueno lo que nos gusta, y también como un *hábito desarrollado* que me facilita ver concretamente y de modo más o menos rápido la calidad de una acción o una realidad cualquiera.

* * *

Cuando esa capacidad de juicio tiene un carácter eminente, es señal de que sabemos *elegir* de modo adecuado, porque vemos sintéticamente el valor moral y estético de una realidad o de una acción. Tenemos entonces —es Ortega y Gasset el que lo recordó en España— la virtud de la «eligencia» o elegancia. El elegante es el que sabe elegir de tal modo que su elección no sólo puede ser considerada como buena en sí, sino como apta para hacer transparecer esa bondad. Si no *parecemos* buenos, además de intentar serlo, no somos suficientemente buenos, pues la bondad plena es la que busca hacer el bien al otro, y si lo desconcertamos, confundimos o incluso escandalizamos, no le hemos hecho el bien. En matemáticas, se llama *demostración elegante* a aquella que, además de buena, es clara y sencilla. Un traje elegante es aquel que se adecúa con claridad y brillo a la finalidad buscada, y una acción elegante es aquella que une a la bondad moral la recta disposición estética.

No cabe duda de que sin esa virtud de la elegancia no hay verdadera finura de espíritu. Pero eso se debe a que, además de lo dicho, la elegancia supone siempre un cierto «toque» de grandeza. Ese toque, que se plasma inmediatamente, es debido a que el que sabe elegir bien muestra una *superioridad* sobre las circunstancias. Está en ellas y las atiende, pero, al tiempo, no son ellas las que le marcan definitivamente el juicio. Su juicio mira a lo temporal, pero no se deriva plenamente de lo temporal. El que actúa o se viste siguiendo sólo los dictados del momento, sin añadir su toque definitivo y definitorio, es un *snob,* un *parvenu* o como se le quiera llamar, pero no es elegante. Por eso, una cosa es «tener clase» y otra muy distinta pertenecer a cualquier estrato snobista.

El elegante es, pues, uno que tiene gusto y especial superioridad a la hora del detalle en la elección. Pero hay que tener en cuenta que no se trata simplemente de disponer bien los elementos constitutivos de algo —hacer una cosa con detalle—, sino que primero hace falta verlo, descubrir el detalle. Para ello se necesita la tercera característica de la finura de espíritu: junto a la *perfección* y el *detalle,* hay que tener en cuenta la *agudeza.*

Y no hay que considerar esta muy importante característica como algo meramente accidental. No se trata de agudeza jocosa en el sentido trivial de esa expresión. Se trata de capacidad de penetración. Saber descubrir el detalle profundo, saber ver lo que a otros escapa. Hay una agudeza malintencionada, que proviene del interesarse por una persona a la que no se quiere bien, pero hay otra que consiste en entrar en lo profundo del alma de otra persona gracias al afecto que se le profesa. Es Ricardo de San Víctor el que lo ha sabido decir de modo clásico: *ubi amor, ibi oculus,* donde está el amor, hacia allí se dirigen los ojos. También Goethe lo dice: conocemos aquello que amamos.

* * *

86

Si la virtud —*perfección*— implica todavía referencia al sujeto que la posee —nos conviene ser virtuosos porque nos enriquece—, y si el *detalle* supone sólo el puro despliegue analítico-contemplativo, es en la *agudeza* donde se encuentra el más marcado rasgo de generosidad, de atención al otro, que es el sello definitivo de la finura del espíritu. No es que se puedan separar *perfección, detalle y agudeza* —se pueden sólo distinguir—, pero es en la agudeza, en esa penetración que ve la profundidad del detalle, donde aparece esta actitud tan característica de la finura de espíritu que tiene en castellano una forma única de expresión: *hacerse cargo*. Según una doctrina del profesor Jesús Arellano, las potencias del alma serían cuatro: memoria, inteligencia, voluntad y *hacerse cargo*.

Detrás de esa afirmación aparentemente jocosa se encierra una gran verdad. Porque el *hacerse cargo* supone la *apreciación global existencial* —el sumo de la inteligencia— y cuando la aplicamos a la vida de un ser querido supone el ejercicio acabado de la amistad. Hay amistades más plenas que otras: sin ese toque último del *hacerse cargo* —y responder— no hay amistad madura. Sin duda el alma fina es la de alguien que sabe querer de verdad.

Por eso a la finura de espíritu pertenece esencialmente la capacidad de renuncia, sin la cual no hay nunca verdadera amistad. El que quiere imponerse siempre, no tendrá amigos. La amistad consiste en buena parte en ese *dejar ser* al otro. Y eso se puede aplicar también a la ciencia y a la sabiduría. No es mejor sabio el que se empeña en imponer su idea, sino el que *dejar ser* a la realidad tal cual es al contemplarla. Por eso fue una finura de espíritu de

Sócrates el decir que el verdadero sabio era el amante de la sabiduría, el *filósofo,* pues éste es el que renuncia a imponerse malamente sobre la realidad.

En realidad, es *rico* aquel que se ocupa sólo de sí. El que *está fuera de sí,* atento al otro, es pobre. Por eso la filosofía —como la amistad— es siempre un ejercicio de pobreza. Pero esa atención al otro necesita una chispa que la encienda, y esa chispa no es otra que la *admiración.* Una muestra de que no va bien la finura de espíritu en una sociedad, es la escasa capacidad de admirarse, y, sobre todo, de admirarse de lo cotidiano, de lo acostumbrado, de la vida misma. En una sociedad decaída se confunden los simbolismos o se pierde el saber simbólico, de tal manera que se puede ir siempre vestido de cualquier modo, o actuar siempre de la misma manera. Siempre ha sido, por el contrario, una clara muestra de fineza el saber darse cuenta de lo que simboliza cada cosa.

La chispa cognoscitiva es la admiración, y la actitud consiguiente que produce es de las más características de un espíritu fino: se trata del *agradecimiento.* El ser capaz de agradecer es una de las muestras más claras de finura. En primer lugar porque, como dice Dietrich von Hildebrand (*Über die Dankbarkeit,* S. 11), el agradecimiento nos saca de la referencia a nosotros mismos y, así, nos *engrandece.* Después, porque significa que la persona se da cuenta del don recibido, no lo pasa por alto; y si hacerse cargo del regalo de la vida es una gran muestra de profundidad, responder positivamente a él —el agradecimiento es siempre respuesta— es una gran muestra de superioridad aristocrática, en el mejor sentido de la expresión. En efecto, nada hay tan costoso para el hombre como el reconocer que debe algo a otro. Supone lo más difícil, el dominio sobre sí mismo.

Tácito sostiene que los beneficios nos son agradables mientras los podemos de algún modo restituir; si no podemos, nuestro agradecimiento se transforma, dice, en odio (Anales, IV, 18). Esa es la descripción de la mezquindad. El que sabe agradecer aunque no pueda restituir, ése es el que se vence, ése es el que tiene un alma grande. No hay duda, por tanto, de que una mayor humildad supone una mayor grandeza de ánimo. Por eso la actividad del pensar contemplativo —ese vuelo del alma por los cielos infinitos, al que se refiere Séneca— es una actividad de profundo agradecimiento. Pensar es agradecer *(denken ist danken,* como apunta M. Heidegger). Y, como nos recuerda bellamente S.A. Kierkegaard, en el cielo no haremos otra cosa que agradecer *(El punto de vista de mi actividad como escritor,* II, III).

Dietrich von Hildebrand termina su bello opúsculo sobre el agradecimiento con las palabras: «En el verdadero agradecimiento brilla el alma con una belleza única. El agradecer pertenece, como el amar, alabar y ensalzar a «quod erit in fine sine fine», es decir a lo que está en el fin, o sea, a lo pleno, lo perfecto.

* * *

Sin duda, la profundidad de la actitud de agradecer es la que nos hace difícil su realización acabada externa, sobre todo en su forma más compleja, que es la de agradecer el agradecimiento. Una persona con finura interior se ve siempre indigna de él, y por eso cuando alguien le agradece se muestra azarada. Ese azaramiento o conturbación es constitutivo de esa circunstancia y no se puede quitar.

Por eso resulta tan extraña la actitud —ahora tan común— de aplaudir al que te aplaude, de aplaudir al público. El que aplaude al público ha roto toda la infinita finura y misterio de la relación de agradecimiento. Parece como si quisiera pagar con la misma moneda, devolver el trato. Ante el que agradece no se puede aplaudir, hay más bien que inclinarse, al menos interiormente. Pues en la inclinación se simboliza la sensación de indignidad ante la grandeza de un agradecimiento.

Tampoco todo agradecimiento ha de mostrarse con aplausos. Está claro que donde media más intimidad o más profunda referencia interior, los aplausos sobran. No podemos aplaudir una sabia indicación que nos da nuestro padre o nuestra madre, aunque la agradezcamos profundamente. Por la misma razón, es extraña la costumbre de aplaudir en un templo.

* * *

Es importante abordar también, con respecto al tema que nos ocupa, la cuestión de la medida del tiempo. Es uno de los problemas más difíciles y bonitos, y en el que mejor se ve la superioridad innata de la persona con finura. El tiempo es nuestro constitutivo en este mundo. No *sólo* somos temporales, pero aquí lo somos constitutivamente. Por eso lo que más cuesta dar es el tiempo propio. La eternidad —el domino sobre el tiempo— de la amistad tiene como consecuencia ineludible el que seamos capaces de *perder el tiempo* con los amigos. Pero, a su vez, el *hacernos cargo* de que el tiempo es esencialmente escaso, nos hará respetar el tiempo de trabajo de los demás.

Para lograr todo ello hay que tener el arte clásico por excelencia: *la medida*, el saber medir. Es muy difícil. No es raro oír a un conferenciante, ya pasada largamente su hora: debo resumir lo mucho que aún tendría que decir. Muchos lo harán con buena intención. Otros quizá para mostrar cuán grande es su sabiduría. Pero la cuestión es bien fácil: ¿hay algún tema en este mundo que, puesto a verle implicaciones y relaciones posibles de detalle, no lo pudiéramos ampliar al infinito? La dificultad está, pues, en medir el tiempo que cada acción verdaderamente pide.

El arte de la medida, y en concreto, de la medida del tiempo, es de los menos conocidos y enseñados. Y es sorprendente que se pueda vivir en el tiempo sin saber cómo hacerlo bien. No se ha pensado suficientemente la gran verdad que defiende Platón al sostener que la enseñanza musical es clave en la formación de la persona, pues la música es precisamente el arte de la medida perfecta del tiempo. Y el hombre bueno no es sólo el que tiene una buena intención ética, sino el que sabe la música con que debe desarrollarla. «Böse Menschen haben keine Lieder», dice un viejo proverbio alemán, citado por Nietzsche: «Los hombres malos no tienen canciones»; los buenos, tienen buena música.

Aunque también puede ser que el tiempo se use mal, o se pierda, por la presencia del gusano más peligroso que a todos nos acecha: la desesperación. Un examen detallado de la mayor parte de los fallos que cada día cometemos, mostraría que quizá no hemos hecho tal cosa o no la hemos hecho bien, porque nos ha faltado esperanza.

Por eso, otro rasgo fundamental de la finura de espíritu es lo que Josef Pieper ha llamado «die Kunst, nicht zu verzweifeln», *el arte de no desesperar.*

* * *

«L'aristocratie (est) fille de l'esthétique»: la aristocracia es hija de la estética. Estas palabras de André Piettre («Esthétique d'abord!», p. 87) pueden malentenderse si tomamos por estética su degradación, es decir, el esteticismo. La forma sin contenido. Un aristócrata esteticista es un aristócrata rebajado a la condición de snob. Una paradoja.

Pero el propio Piettre nos dice que el aristócrata es el hombre que tiene sentido del honor y que lo vive como «un impératif estéthique qui commande l'éthique» *(p.* 89), un imperativo estético que manda en lo ético. Se trata de una observación muy aguda, pues —como quedó dicho— es esa íntima relación de lo estético y lo ético la que caracteriza a la finura de espíritu. Y un hombre fino de espíritu es lo que se llama un aristócrata. Si se reivindica la finura de espíritu se lleva a cabo, por tanto, una apología de la aristocracia. No se trata aquí de lo que en la sociedad europea se entiende por tal cosa, sino simplemente del *espíritu aristocrático,* sea tenido por quien sea.

Ese espíritu es el que dibujaba el Vizconde de Bonald, en los albores del s. XIX, al señalar que el concepto de noble aristócrata no se contrapone al de plebeyo, sino al de persona *meramente privada.* El noble es el que, además de lo suyo, se ocupa de lo de los demás. Por eso los aristócratas tenían la condición por excelencia de hombres públicos, hombres también de irradiación universal.

La aristocracia, en sus mejores momentos, ha querido vivir ese ideal ético-estético que es la finura del espíritu, y, por ello necesariamente, el alma noble era un alma grande, universal. Se decía al principio que fino de espíritu es el que vive magnánimamente. Y este es un ideal irrenunciable. Si se quiere, pues, una sociedad mejor que la de siglos pasados, no se ha de buscar la supresión del ideal aristocrático, sino la ampliación o incluso la generalización del aristocratismo. Fue un grave error de la revolución francesa el suprimir la aristocracia. Lo que se debía haber hecho era rectificarla socialmente y universalizarla en cuanto espíritu.

¿Cómo llevar a cabo esa ampliación? La respuesta parece fácil y no lo es tanto. Se podría decir: enseñando a todos esa finura, tendremos una aristocracia universal. Pero esa respuesta es abstracta, pues desatiende las condiciones concretas en las que se desarrolla la vida de cada persona. Estamos ante un problema social y educativo de primer orden.

Si la generalización del espíritu aristocrático parece difícil y extraña, es precisamente porque hoy vivimos en una sociedad casi universalmente burguesa. El triunfo del ideal burgués —desde finales del siglo XVIII— trajo consigo el destacarse de las virtudes correspondientes: espíritu emprendedor, ahorro, facilidad de comunicación, puntualidad, laboriosidad, seriedad, etc. Estas virtudes son excelentes, pero, independientemente de que en la sociedad presente se han ido tornando con frecuencia en vicios burgueses, queda pendiente la pregunta de por qué esas virtudes burguesas han de sustituir a las aristocráticas. Alguien podría responder con lo ya apuntado: son las condiciones de la sociedad actual, la vida de trabajo productivo incesante, de comercio, etc., lo que obliga a que el ideal burgués pase a primer lugar.

Pero esta no es una buena solución. Las virtudes burguesas son excelentes, y es magnífico cultivarlas, pero no pueden ser las que sirvan definitivamente para marcar el ritmo de la vida individual y social. Esta afirmación abre el paso a las consideraciones conclusivas de este tema.

Antiguamente cada estamento social —aristocracia, clero, burguesía alta o baja— detentaba preferentemente un cierto tipo de virtudes que le eran propias, pero bien se pertenezca a un estamento o a otro —y los estamentos existen siempre, con diferentes figuras—, es perfectamente posible combinar las virtudes de varios. Las virtudes son siempre armonizables y combinables. Se puede ser un burgués aristocrático o un aristócrata burgués.

Quizá uno de los primeros que se dio cuenta de ello fue Baltasar Gracián. Como señala Hans Georg Gadamer (*Verdad y método,* I parte), Gracián pretendió dibujar un ideal de hombre más universal que el hasta ese momento en uso. En concreto, más universal que la figura del cortesano, que dibuja Baltasar de Castiglione. Con el lanzamiento de la idea de «hombre en su punto», Gracián realiza una gran labor pedagógico-política, al mostrar cómo podía vivir con *estilo* un estrato más amplio de la sociedad. Su síntesis del genio y el ingenio, su reivindicación universal del gusto, su descripción, en suma, del «hombre en su punto», es un nuevo intento de sintetizar ética y estética, pero en favor de un mayor número de personas.

Es menester ahora, no sólo ampliar cuantitativamente el radio de alcance del ideal humanista —haciendo que todos participen en él—, sino lograr que el hombre pueda aristocratizar cualquier profesión. Es decir, que pueda darle un valor de universalidad y de plenitud humana. Esta es la tarea pedagógica del presente. Introducir la finura de espíritu en la raíz misma de la vida de trabajo profesional, familiar y social de cada individuo. Para eso hace falta también y en primer lugar que esa finura se viva en la educación misma.

* * *

«... Mi vista tropezó con un pequeño cartel... en el cual se leía... *Ayúdame a crecer...* El rótulo que había en el jardín no contenía prohibición alguna, ni advertencia de castigos: únicamente una frase —que parecía salir de las mismas flores— solicitaba..., con suavidad..., ayuda para crecer». Toda una lección de finura de espíritu pedagógico se encuentra contenida en este maravilloso texto de la obra *«¿Cómo ayudar a nuestros hijos?»*, del Prof. Tomás Alvira (pp. 7-8). Esa ayuda generosa, escondida y delicada, sólo la puede ofrecer el que es capaz de admirarse de la inmensa profundidad de la tarea pedagógica. Aquel, pues, que admira magnánimamente cosas grandes, ese es fino de espíritu.

El concepto de corazón

¿Qué significa un cambio en el mundo? Todo y nada. *Todo* porque si es verdad que el mundo es una unidad, si cada cosa está relacionada con las demás, basta una variación mínima en algo para que el mundo entero cambie. Como es sabido, Leibniz es un abanderado de esta tesis.

Desde otro punto de vista, se puede pensar que no significa *nada*, porque por mil variaciones que sufra una realidad, puede no haber cambiado substancialmente nada en ella tomada en conjunto, y nada relevante para cada uno de sus componentes.

Ahora, por ejemplo, algunos historiadores de la política consideran que, bajo una apariencia externa muy distinta, estamos en una situación semejante a la que nos hallábamos al principio del siglo. ¿Qué ha significado políticamente el siglo XX? Nada. Sin embargo, en los libros se presenta descriptivamente como un siglo de cambio trepidante, de variaciones sin fin.

La misma experiencia, exactamente la misma, puede hacer a un hombre escéptico y a otro dogmático. Ante determinado suceso, la reacción de una persona es afirmar que todo es relativo, nunca sabe lo que le puede pasar, no tiene seguridad; la de otra es decir que, en el fondo, en la vida, siempre pasa lo mismo. ¿Quién de los dos tiene razón? Los dos, pues lo propio de la realidad es que, en cierta medida, siempre cambia, y en otra medida, siempre es la misma.

La sabiduría popular, por eso, está llena de pequeños chascarrillos que reflejan de mil maneras esta experiencia que un moralista francés, en términos más enfáticos, llamaría la experiencia de la conciencia del cambio y la permanencia.

¿Qué significa el cambio para el ser humano? Al menos y principalmente dos cosas. En primer lugar, la vivencia del *salir.* Salir fuera de donde uno está, lo cual es, desde luego, una experiencia de la conciencia bien interesante. Abres una puerta y sales; estás dormido y te despiertas; decides comenzar un viaje y partes. En segundo lugar, el encuentro de algo nuevo.

De estos dos aspectos el que más le interesa al ser humano es el primero, porque le da sensación de libertad. Aquello que se encuentra, *lo nuevo descubierto,* puede gustarnos o decepcionarnos. Por ello, lo que encontramos —sea una *vivencia* subjetiva o algo más objetivo— es secundario. Más aún, generalmente nos decepciona, si no en un primer momento, por lo menos al cabo de cierto tiempo.

Nos sucede como a los niños españoles, que se pasan el periodo navideño alegres esperando los juguetes de reyes, los cuales les duran dos o tres días; después los arrinconan, porque les aburren. Por eso es tan problemática la costumbre de poner los regalos el día de Navidad, pues la *ilusión*, a la niña o al niño, se le acaba el día 28, justo el día de los Inocentes.

En general, en toda sociedad moralmente inmadura se da un paralelismo frecuente entre las costumbres de los niños y las de los mayores. Estos abandonan pronto a las otras personas en las relaciones conyugales y contractuales diversas, se cansan de ellas, se sienten decepcionados. No les cansa la relación —pues firman nuevos contratos y se casan de nuevo— sino el «objeto» de ella, la persona o la cosa concreta.

* * *

Si salimos de un lugar con nostalgia es que no lo hemos abandonado del todo. La nostalgia es aquello que nos retiene y que nos hará volver al punto de partida. Hará que cuando alcancemos nuestro pretendido descubrimiento, volvamos a aquel punto del que habíamos partido. Pero haya nostalgia o no, los elementos que entran en juego son fundamentalmente siempre los dos señalados: el salir y el llegar a algún sitio, aunque el sitio sea, quizá, el lugar al que volvemos.

Y para salir, para ir hacia algún lugar hemos de conocerlo, al menos en parte. Hay que saber a donde se quiere ir. Pero, además, tenemos que querer ir. Es decir, se presuponen conocimiento y voluntad. Así pues, el problema del cambio es siempre un problema ligado al querer. Para cambiar hay que *querer* cambiar. Y eso se puede aplicar incluso a la naturaleza. Lo apunta Leibniz, lo repite Schopenhauer. Todo movimiento, también en la naturaleza, es *un deseo* de ir a otro sitio. Hay que querer.

En seguida se recogerá esta temática de nuevo.

* * *

Entre los instrumentos conceptuales que el ser humano utiliza se encuentran los *símbolos,* ideas de particular riqueza de contenido, llenas de matices, que dibujamos para referirnos a las cosas más fundamentales, a las más importantes. En el mundo de los símbolos el *querer* se suele situar en el *corazón.*

Existe una simbología muy antigua del querer humano, en la que éste aparece situado en el corazón. El cual, a su vez, es contrapuesto a la *inteligencia,* la cual se suele colocar en la *cabeza,* y la dialéctica entre la cabeza y el corazón está documentada en la historia del pensamiento al menos desde el siglo V antes de Jesucristo, siglo en el cual Alcmeón de Crotona habla ya de la disputa que en el ser humano se da entre la cabeza y el corazón. Al igual que la mayor parte de los filósofos posteriores, Alcmeón sostiene la superioridad de la cabeza. El *logos* —el conocimiento— es *hegemonicon,* hegemónico con respecto al corazón. La filosofía ha sido siempre construida y desarrollada en forma predominantemente «masculina», puesto que, en la mencionada disputa, la simbología ha colocado también al hombre en la cabeza y a la mujer en el corazón. Quizá no sea casual el famoso *intelectualismo,* predominante en la tradición filosófica occidental.

El corazón, a lo largo de la historia del pensamiento, ha ido recibiendo interpretaciones matizadamente diferentes. Todos consideran que está en la esfera de la voluntad, pero la explicación que se da no es siempre igual. Una tesis clásica es la platónica, que coincide en buena medida con el pensamiento católico. Eso explica, a su vez, la tesis de algunos protestantes, según la cual el catolicismo es una interpretación platónica del Nuevo Testamento. La clave está en que Platón considera al corazón —aunque él no utiliza esa manera de decir— en relación con la *memoria*.

Existen dos tipos de memoria. La memoria mecánica, a la que nos referimos cuando usamos la expresión *aprender de memoria*, y que se sirve de reglas *mnemotécnicas*, de técnicas para acordarse. Es puramente exterior, y la reglas mnemotécnicas son un andamiaje para retener algo en la cabeza: cómo sabré la lección, cómo podré aprobar una asignatura. De esta clase de memoria deriva la común y triste definición de cultura como «aquello que te queda tras olvidar buena parte de lo que "estudiaste"». *Se pierde memoria.*

Otro tipo muy diferente de memoria es la que se pone en ejercicio con el gusto por algo: entonces, sin esfuerzo ni andamiajes, aquello nunca se olvida. Más aún: lejos de perderlo, se va metiendo cada vez más dentro, se analiza y conoce mejor, y mi conocimiento crece. *Se gana memoria.*

La persona va entusiasmándose con los descubrimientos que hace. ¡Eureka! *Lo encontré.* Esa sensación de *encuentro* sólo se da si se está volcado en lo que gusta. Lo más interesante aquí es que no hay vivencia de *pura creación,* de que esa idea surge de dentro de uno mismo. Lo que se experimenta es algo muy diferente: se siente que, aunque dí con algo nuevo, *eso es así.* Pero, ¿por qué estoy seguro de ello? Porque se trata de un encuentro *admirable, maravilloso.*

Se trata de *memoria,* porque todo *encuentro maravilloso* remite a algo que estaba ya antes, que no lo he puesto yo. Conocer es aquí encontrar algo en cierto sentido *ya sabido,* —en toda admiración hay *reconocimiento*— y, en otro, *novedoso,* puesto que *añade* y abre nuevas posibilidades de creación.

No es lo mismo *estar encantado, maravillado,* que considerarse puro *creador de algo* o ser un procesador de *datos.* Se trata de experiencias vitales muy diferentes y, en concreto, de modos distintos de *sentirse poseedor.*

* * *

El querer del corazón, en cuanto es un *encantamiento,* supone un *éxtasis,* un salir hacia fuera, hacia *lo otro,* y por eso siempre implica —y aquí retomamos el argumento inicial— un cierto *cambio.* Pero el cambio puede operarse *en lo otro* o *en mí.* Puedo, al salir, *transformar lo otro o transformarme a mí mismo.* Si me decido a cambiar un objeto, lo transformo, pero a mí me transformo poco. Saco simplemente al objeto de su realidad natural para impregnar mi propio ser, lo hago «carne de mi carne» como de manera tan plástica lo dice Hegel en su *Filosofía del Derecho.*

La fresa, por ejemplo, es un ser natural, es una fruta, y, como diría un aristotélico, tiene una realidad *ontológica.* Pero si la contemplo sólo como *ente,* no salgo de la abstracción. Para vivirla, la tengo que ver como algo que va a ser objeto para mí y, por ello, la quiero transformar. Y tanto la transformo que desaparece. Desaparece en su ser natural para adecuarse plenamente a mi ser. Pasa, a través de los procesos nutritivos, a ser yo mismo. «Hay amores que matan», se podría decir.

¿He salido de mí mismo mediante ese acto desiderativo? En parte sí, porque estaba fuera de mí, queriendo comerme la fresa, pero la que más ha salido fuera de sí ha sido ella. Y este punto es muy importante porque, dado que la esencia del querer es el referirse *a otro,* realmente la que se ha transformado en otro ha sido ella más que yo mismo. Sobre todo si tengo en cuenta otro punto, a saber, que —por paradójico que parezca— lo que me he comido no es la fresa *en sí misma,* sino la *imaginada.* A nadie le atrae la sustancia de la fresa, sino la imaginación del placer que le va a producir.

El primer problema del deseo es que realmente el que más sale fuera de sí es el otro, porque intento apropiármelo, y lo saco de sí. El segundo es que el sujeto sale de forma precaria, porque no va al otro, sino a su imaginación de él. Si volvemos al ejemplo del matrimonio, antes mencionado, encontramos que esa es la explicación de algunos divorcios. *El deseo se corresponde aquí con una mera imaginación,* y la imaginación es aquello que más tarde o más temprano decepciona. Por ello sostiene el dicho popular que «en la variedad está el gusto». Efectivamente, como todas aquellas cosas particulares que deseo me decepcionan más tarde o más temprano, lo importante es poder variar.

El corazón del cambio —la razón de él en el ser humano— es *el deseo de lo particular en cuanto deseo conectado principalmente con la imaginación.* Cambiamos y seguimos cambiando porque deseamos algo concreto imaginable, y eso es siempre particular. Necesito un nuevo *happening,* necesito cambiar de pareja, de canal de televisión, etc. Precisamente porque el origen del cambio es el deseo, se considera que el ser humano es libre en cuanto que es desiderativo, y mantiene abierta esa capacidad. Negar el deseo sería autodestruirse como humano. Ya Aristóteles había dicho que *el alma es deseo.*

* * *

Sin embargo y paradójicamente ese corazón no lo es de modo pleno, en primer lugar porque no quiere *al otro en cuanto otro,* sino sólo *al otro imaginado por y para él,* y, además, porque no integra el *conocimiento intelectual, el sentimiento y la voluntad,* sino que se deja guiar por el mero ideal de la imaginación.

El corazón del cambio es el deseo imaginativo y produce un continuo *cambio del corazón.* Trae consigo, como alguna vez se ha señalado, la conversión del comercio en elemento no ya sólo *básico* —como le corresponde—, sino incluso *predominante* en la vida social. Comerciamos porque queremos cambiar unas cosas por otras y alcanzar lo que deseamos. La sociedad moderna en la medida en que su corazón está en el cambio, lo tiene en el comercio. Esa hipertrofia del comercio es una forma de economicismo, y también de individualismo, porque lo que quiero, a través del deseo de todo cambio, es llenar siempre más la imaginación, cumplirla, satisfacerla en lo posible.

Ese tipo de corazón se contrapone al entendido tradicionalmente como característico de la actitud filosófica y religiosa. Platón se presenta a veces como «filósofo religioso» precisamente por eso, pues aunque aparentemente haya en él una primacía del conocimiento, del *logos,* hay, en realidad, tanta primacía del *corazón* como del *logos,* y la religión es aquella actividad humana en la cual el corazón es la base. El centro de la religión es el corazón.

Como se lee en la cita famosa de Pascal: «es el corazón el que siente a Dios, no la razón, he aquí lo que es la fe». Dios es sensible al corazón, no a la «razón pura».

Esa tesis pascaliana muestra la actitud de un pensador atípico dentro de la sociedad y el pensamiento modernos. Los filósofos en la modernidad han impulsado más bien una sociedad que se pretendía «racional». La clave estaba en la *cabeza*. Es decir que, como dice Nietzsche, es típico de la Ilustración el ser una manera *masculina* de concebir la sociedad. Como consecuencia, las mujeres organizan el feminismo, porque en la sociedad moderna no hay sitio para ellas. Se trata de una sociedad concebida de modo intelectualista y por ello predominantemente masculina. Para que pudiera ser también femenina tendría, además, que tener corazón, pero lo tiene en escasa medida.

De hecho la sociedad moderna compatibiliza la *razón* con el puro *sentimiento,* pero no con el corazón. De lunes a viernes somos implacables empresarios, ingenieros, científicos que de una manera seria, segura y definitiva realizamos sin contemplación alguna lo que la razón nos dicta. El viernes por la noche, ya cansados, comenzamos el *happening* sentimental del fin de semana. De esta manera, el ser humano es un ser escindido en dos: hay uno de lunes a viernes y otro de viernes por la noche a lunes por la mañana. Los dos son incapaces de conciliarse, y ello porque a la sociedad moderna le falta el instrumento de la unidad, de la síntesis, o sea un *verdadero corazón*.

* * *

El corazón es el órgano de la síntesis, de la *mediación,* de la conciliación. Una vez más, Hegel lo vio al principio: «el corazón es la conciliación», es el lugar de ella, sostiene en sus escritos de juventud. Pero luego pensó que la *razón dialéctica* podía conciliar todavía más que el corazón; por eso, mantuvo que la filosofía estaba por encima de la religión. El resultado fue la caída en lo que quiso evitar: el abstraccionismo. La razón cognoscitiva no basta para captar la realidad, porque no comprende *existencialmente* al *otro*.

El problema real y difícil es *querer al otro en cuanto otro,* ya que tendemos a quererlo en cuanto objeto de la imaginación, y la relación humana se rompe cuando se descubre que sólo eres un instrumento para el otro.

Hegel no supo ver que lo imposible de su idealismo se hubiera podido solucionar desde la aceptación de una *voluntad* que abriera a la realidad del *otro*.

El corazón, por tanto, tampoco es sólo *sentimiento,* como insinúa Pascal —por más que éste lo entienda con amplitud—, sino el lugar de la *conciliación de sentimiento, inteligencia y voluntad.* Y esa conciliación llena la vida. No es posible, por contra, una constitución meramente filosófica de la vida humana, sobre todo si por filosofía entendemos lo que la tradición intelectualista, es decir, casi toda la tradición filosófica occidental, ha pensado.

Augusto Comte, en su *Discurso preliminar,* lo sugiere con claridad. El impulso, dice él, del corazón bajo la influencia femenina es indispensable, sobre todo porque refrena la tendencia natural de los filósofos y de sus especulaciones abstractas a degenerar en ociosas divagaciones.

Efectivamente, cuando el filósofo tiene en cuenta sólo la cabeza, atiende unilateralmente la voz de la realidad. El filósofo intelectualista es un ser abstracto. Está en las nubes, separado de este mundo, abstraído. Los abusos de la razón, dice Comte, y los de la actividad, no pueden ser señalados y sobre todo corregidos más que por el amor, porque él es el único que los entiende y los sufre directamente. La mujer es *comprensiva;* el hombre, por su abstraccionismo, es *presumido,* es vanidoso. Una verdad que se suele tomar poco en cuenta.

Es un viejo tópico el de la mujer vanidosa, pero la vanidad femenina se construye sobre el deseo de gustar, lo que, en principio, implica amablemente al *otro.* La peor vanidad es la del intelecto, la masculina: creer que se tiene el poder diseñador del mundo, o que se ha de hacer lo que uno quiere, porque es «importante». La razón es siempre «muy importante», pero no es comprensiva.

La razón pura nos hace dominar, y por eso *una sociedad de la información es una sociedad del poder, pero no de la comprensión.* La información es poder, pues si sé más que los demás, o conozco cuales son las debilidades del otro, tengo toda la ventaja.

La información es poder. En cambio, el amor es comprensión. Sucede a veces que la comprensión no es otra cosa que sentimentalismo: humanitarismo en lugar de humanismo. Pero el corazón, cuando lo es verdaderamente, es decir, cuando armoniza el conocimiento intelectivo con el sensitivo, con las tendencias sensibles y con la voluntad, es el centro mismo de la vida humana. Porque él es concreto y no meramente abstracto, como el conocimiento intelectivo; universal y no meramente particular, como lo son los afectos sensibles. El corazón es el *universal concreto existencial.* El que deja que le dominen sus sentimientos es un loco, y el que se guía por la «razón pura» es un arrogante. Sólo el que orienta y sintetiza desde el corazón todo lo que hay en el hombre, es verdaderamente humano.

Si el *alma* es el principio de unidad que nos convierte en *hombres*, el *corazón* es el principio superior de unificación que nos *humaniza*, que nos hace verdaderamente humanos. El hombre es el único ser de este mundo que necesita *añadir* algo a su ser para *cumplirlo*, para devenir quien es. El que *sólo* desea con la imaginación es hombre, pero no humano; y lo mismo el que *sólo* se guía por el pensar o el querer. Quién tiene un verdadero corazón, ése es *humano*.

* * *

El espíritu *absolutamente absoluto*, filosófico, de Hegel, a pesar de todo, es abstracto, mientras que la religión es siempre concreta. No se puede poner, por ello, la filosofía por encima de la religión. Pero si alguien piensa que la religión se puede ahorrar el esfuerzo de la filosofía, ése tiene un corazón puramente sentimental. Estará en lo concreto, pero sin pasar por la filosofía, por la reflexión que busca el sentido, sólo tendrá la imbecilidad de lo concreto. Para que algo sea concreto y significativo, hace falta pasar por la mediación de la filosofía. No puede haber en este sentido un buen corazón que no sea filosófico. Como tampoco puede haber uno que no tenga buenos sentimientos y que no tenga una buena voluntad.

Así pues, la religión no es como dice Karl Marx «el corazón de un mundo sin corazón», sino que es el ejercicio de la transformación interior del hombre, que inclina a conocer, respetar y querer al otro y a lo otro, y que, al lograrlo, ilumina y potencia la propia vida y la de los demás.

El corazón es el centro del ser humano, y es el centro de la religión. Cuando está bien orientado concede felicidad, plenitud, alegría y también ligereza y limpieza: nos libra de pesos y adherencias. Porque nos libra de adherencias, el corazón tiene que ver con dos formas de expresión humana que están muy cercanas entre sí: *la risa y el llanto.*

* * *

La risa y el llanto son manifestaciones aparentemente contrarias, y en cierta medida lo son, pero justo por serlo están en el mismo plano. Por eso las lágrimas sólo corren en la risa y en el llanto: ellas son el símbolo de la limpieza que un buen corazón concede al alma.

La primera forma de limpiarse es *reír* —comprender el aspecto relativo de lo que parecía absoluto—, y *reírse* de sí mismo, relativizarse. Mientras alguien se tome *demasiado* en serio, es difícil que tome en serio a los demás.

La segunda consiste en emocionarse ante la realidad verdadera, no la imaginada. Agradecer el don recibido. Cuando alguien cae en la cuenta de que le sucede lo más sorprendente e inmerecido, o sea, que alguien le quiere, entonces le puede suceder algo simple tan bellamente cantado en la famosa aria de «Elixir de amor»: que en sus ojos despunta una lágrima furtiva, que *llora.*

Y la forma más sublime de tener buen corazón es aceptar con ánimo entero la pérdida de lo que no se quisiera dejar. Como dice una canción de la tierra aragonesa: «por cuatro goticas de agua estuve a punto de ahogarme; eran cuatro lagrimicas que al despedirnos echaste».

Ese ánimo se adquiere en una vida cotidiana consciente de su grandeza, y que se basa en esa esperanza indestructible característica de un corazón verdadero. Ella ve siempre lo mejor de cada cosa, busca constantemente construir, y confía en alcanzar con creces lo que parece perdido.

Referencia bibliográfica

Los diferentes capítulos tienen todos por base conferencias o artículos previamente dictados o escritos. Ninguno aparece aquí en su forma original. Unos han sido retocados y otros reelaborados.

1. *Habitar, trabajar, vivir*, Colegio Mayor Somosierra, Madrid, 1989 (edición privada).
2. *Sobre el arte de invitar*, Colegio Mayor Somosierra, Madrid, 1991 (edición privada).
3. *La pasión de jugar*, Actas del II Congreso Nacional de FEJAR, Pamplona, 1993.
   La pasión de jugar. En «Humanitas», n.º 6, Santiago de Chile, 1997.
4. *El carácter transcendente del deporte*, XXVII Jornadas de Qüestions Pastorals, Premià de Dalt, Barcelona, 1992 (inédito).
   El sentido del deporte y de la deportividad, I Simposio sobre el Deporte en Navarra, Pamplona, 1996 (inédito).
5. *El aburrimiento o la muerte social por insuficiencia filosófica*, II Jornadas Filosóficas para estudiantes, Universidad de Navarra, Pamplona, 1991.

Qué es el aburrimiento, en «Humanitas», n.º 5, Santiago de Chile, 1997.

6. *Más allá del sufrimiento y la felicidad*, Congreso UNIV 93, Fase Galega, Santiago de Compostela, 1993 (inédito).

7. *Sobre la finura de espíritu*, Revista *Tertulia*, n.º 62, Madrid 1987.

8. *El corazón del cambio y el cambio de corazón. Sobre la esencia de la sociedad moderna*, III Jornadas Filosóficas para estudiantes, Universidad de Navarra, Pamplona, 1992 (inédito). *O afecto do coraçao e o coraçao dos afectos*, Fundaçao A.C. de Miranda, Oporto, 24 mayo 1995 (inédito).

ESTE LIBRO, PUBLICADO POR
EDICIONES RIALP, S.A.,
MANUEL URIBE 13-15, 28033 MADRID,
SE TERMINÓ DE IMPRIMIR EN
ANZOS, S. L., FUENLABRADA (MADRID),
EL DÍA 20 DE MAYO DE 2025.